Der Kraftfahrzeugverkehr.

Richtlinien für Polizeibeamte und Kraftfahrer

von

Polizeihauptmann Georg Aumer

Lehrer an der Höheren Polizeischule Jena.

Mit 79 Abbildungen und Figuren.

Berlin und Leipzig 1927.

Walter de Gruyter & Co.

vormals G. J. Göschen'sche Verlagshandlung — J. Guttentag, Verlagsbuchhandlung — Georg Reimer — Karl J. Trübner — Veit & Comp.

Vorwort.

Der Verkehr mit Kraftfahrzeugen hat auch in Deutschland in den letzten Jahren stark zugenommen und wird mit der fortschreitenden Besserung der wirtschaftlichen Lage und mit der Vervollkommnung der Fabrikationsmethoden immer mehr unsere Straßen erobern. Das Anwachsen der motorisch betriebenen Fahrzeuge hatte eine starke Steigerung der Verkehrsunfälle im Gefolge und auf keinem anderen Wirtschaftsgebiete werden derartige Opfer gefordert. Diese Tatsache löste für den Gesetzgeber die Notwendigkeit aus, durch Vorschriften den Verkehr mit Kraftfahrzeugen sicher zu gestalten. Die zahlreichen, meist in kurzen Zeitabständen folgenden Verordnungen versuchen der raschen Entwicklung dieser Verkehrsart Rechnung zu tragen.

Angesichts der häufigen Änderung der gesetzlichen Bestimmungen ist es für den Polizeibeamten wie für den Kraftfahrer schwer, sich zurechtzufinden.

Deshalb wurde auf Anregung des Thüringischen Ministeriums für Inneres und Wirtschaft dieses Buch verfaßt, das dem Polizeibeamten und dem Kraftfahrer das Wichtigste, nach Stoffgebieten geordnet, vermitteln möchte.

Der Verfasser.

Inhaltsverzeichnis.

Seite

Abkürzungen 10

Gesetzliche Grundlagen für die Regelung des Kraftfahrzeugverkehrs 11

A. Begriffe und Einteilung der Kraftfahrzeuge 13

I. Begriffe 13

1. Betriebsfertiges Eigengewicht 13
2. Pferdestärke (Effektivstärke und Steuernutzleistung) 13
3. Wege 13
4. Wegebenutzer 13
5. Dunkelheit 14
6. Kraftfahrzeuge 14

II. Einteilung der Kraftfahrzeuge 14

1. Kraftwagen (Personen- und Lastkraftwagen, Omnibus) 14
2. Kraftrad (Kraft-Zwei- und Dreirad) 14
3. Kleinkraftrad 14
4. Zugmaschinen ohne Güterladeraum 15
5. Ausnahmen 15

B. Beschaffenheit, Ausrüstung und Ladung 17

I. Beschaffenheit (Schalldämpfungsvorrichtung, Verursachung von Rauch usw.) 17

II. Ausrüstung 21

1. Bereifung 21
   a) Vollgummibereifung 22
   b) Hochelastische Vollgummibereifung 23
   c) Luftbereifung 23
   d) Nichtelastische Bereifung 23
2. Lenkvorrichtung 24

Seite
3. Bremsvorrichtung 24
4. Hupe und Pfeife 24
5. Beleuchtung (Laternen, Sucher, beleuchteter Ortsteil) 24
6. Vorrichtung für Verhinderung der Inbetriebnahme 26
7. Schild 27
8. Bergstütze 27
9. Spiegel 27
10. Schlußlicht 27
III. Beladung 27
C. Zulassung 28
I. Höhere Verwaltungsbehörden 28
II. Zulassungsbescheinigungen 31
1. Die polizeiliche Bescheinigung zur Vorführung eines Kraftfahrzeuges 31
2. Die Zulassungsbescheinigung 32
a) Neuzulassung 35
b) Berichtigung der Zulassungsbescheinigung . . 35
c) Umschreibung derselben 35
aa) Wechsel des Wohnsitzes des Eigentümers 35
bb) Wechsel des Eigentümers 36
3. Bescheinigung über Zuteilung eines Kennzeichens für Kleinkrafträder 36
4. Probezulassungsbescheinigung für Kraftfahrzeuge aller Art mit Ausnahme von Kleinkrafträdern . 37
5. Probezulassungsbescheinigung für Kleinkrafträder 45
6. Ausweis des amtlichen Sachverständigen . . . 45
7. Internationale Fahrausweis 45
8. Papiere für ausländische Fahrzeuge ohne internationalen Fahrausweis 52
D. Kennzeichnung 52
I. Beschaffenheit 53
II. Anbringung des Kennzeichens 56

Seite
1. bei Kraftwagen und Kraftdreirädern 56
2. bei Kraftzweirädern und Kleinkrafträdern . . . 61
3. bei Anhängern 61
III. Befestigung des Kennzeichens 61
IV. Ausführung desselben 61
V. Lesbarkeit desselben 64
VI. Beleuchtung desselben 66
VII. Stempelung desselben 67
VIII. Arten der Kennzeichnung 68
1. für deutsche Fahrzeuge 68
2. für ausländische Kraftfahrzeuge mit internationalem Fahrausweis (Nationalitätsabzeichen) . 71
3. für sonstige ausländische Fahrzeuge 72
4. Ausnahmen von der Verpflichtung der Kennzeichnung 72

E. Hinweise für die Abnahme von Kraftfahrzeugen . . . 74

F. Führerschein 75
I. Ausnahmen von der Verpflichtung des Führerscheins 76
II. Arten der Führerscheine für deutsche Kraftfahrzeuge 77
III. Der internationale Fahrausweis 84
IV. Papiere für ausländische Kraftfahrzeuge ohne internationalen Fahrausweis 84

G. Benutzung der Wege 84
I. Befahren mit Kraftfahrzeugen — auch Kleinkrafträdern 84
1. Radfahr- und Fußwege 85
2. Einhalten des Abstandes vom Straßenrand . . 85
3. Der Sommerweg 85
4. Wett- und Zuverlässigkeitsfahren 85
5. Verhalten gegenüber Fahrzeugen der Polizei und Feuerwehr 86
6. Desgleichen gegenüber Kranken- und Rettungswagen und Fahrzeugen der Straßenreinigung . 86
7. Desgleichen gegenüber Truppenkörpern usw. . 87

Seite
II. Wegeverbote und Verkehrsbeschränkungen 87
H. Die Fahrgeschwindigkeit 89
I. Das Fahren allgemein 89
II. Höchstgeschwindigkeiten 91
III. Geschwindigkeitsfeststellung 93
1. durch Kontrollfahrzeuge 93
2. durch Abstoppen 94
IV. Errechnung der Geschwindigkeit 96
V. Geschwindigkeitstabelle 97
J. Die Fahrordnung 97
I. Das haltende Fahrzeug 97
II. Das in Bewegung befindliche Fahrzeug 99
1. Straßenseite 99
2. Einbiegen 99
3. Ausweichen 100
4. Überholen 101
5. Die Vorfahrt 102
K. Anhänger 104
I. bei Kraftwagen 104
II. bei Krafträdern 106
L. Kleinkrafträder 107
M. Zeichen 109
I. Zeichen des Kraftfahrzeugführers 109
1. Warnungszeichen 109
2. Verkehrszeichen 111
II. Zeichen der Polizei zur Verkehrsregelung 111
1. Zeichen des Polizeibeamten 112
2. Lichtzeichen 114
III. Zeichen für gesperrte Wegestrecken usw. 114
IV. Zeichen für Hindernisse 116
V. Verkehrskennzeichen für preußische Behörden . . . 121
VI. Abzeichen für Blinde und Taube 124

Seite

N. Untersagung des Betriebes 124
I. in bezug auf das Kraftfahrzeug 124
II. in bezug auf den Führer 126

O. Steuerkarte und Steuersätze 126

P. Richtlinien für die Kraftfahrzeugkontrolle 128
I. Die angesetzte Kontrolle 128
II. Die gelegentliche Kontrolle 129
III. Gang der Kontrolle 129
IV. Übersicht über Kraftfahrzeugkontrollen 132

Q. Strafvorschriften 136
I. Vergehen 136
II. Übertretungen 140
III. Anzeigenmuster 140

R. Feststellungen bei Unglücksfällen 143

S. Übersicht über den Kraftfahrzeugbestand 149
I. in Deutschland 149
II. in den außerdeutschen Ländern 154

Abkürzungen.

KFG. = Gesetz über den Verkehr mit Kraftfahrzeugen.
KFV. = Verordnung über Kraftfahrzeugverkehr.
KFSt. = Kraftfahrsteuergesetz.
RG. = Reichsgericht.
KG. = Kammergericht.
ObLG. = Oberstes Landesgericht München.
OLG. = Oberlandesgericht.
StGB. = Strafgesetzbuch.

Gesetzliche Grundlagen für die Regelung des Kraftfahrzeugverkehrs.

1. Das Gesetz über den Verkehr mit Kraftfahrzeugen vom 3. 5. 09 in der Fassung vom 21. 7. 23.

2. Die Verordnung über Kraftfahrzeugverkehr vom 5. 12. 25 mit der Ergänzungsverordnung vom 28. 7. 26.

Dazu die folgenden Anlagen:

a) Verordnung über die Ausbildung von Kraftfahrzeugführern vom 1. 3. 21 in der Fassung vom 15. 3. 23,

b) Die Anweisung über die Prüfung der Führer von Kraftfahrzeugen (zu § 14 Abs. 4 KFV.),

c) Bekanntmachung über Kraftfahrzeugverkehr vom 5. 12. 25 mit folgenden Anlagen:

aa) Anweisung über Prüfung von Kraftfahrzeugen,

bb) Muster für die Listen, Zulassungsbescheinigungen, Kennzeichen und den Führerschein,

cc) Plan für die Kennzeichnung der Kraftfahrzeuge,

dd) Anweisung für die Beurteilung der Wirkung von Kraftfahrzeugscheinwerfern,

ee) Anforderung an den Sachverständigen für die Prüfung von Kraftfahrzeugführern und Kraftfahrzeugen.

3. Verordnung über Kraftfahrzeuglinien vom 26. 8. 25.

4. Kraftfahrzeugsteuergesetz vom 15. 5. 26.

5. Internationales Abkommen über den Verkehr mit Kraftfahrzeugen vom 11. 10. 09.

6. Verordnung über den internationalen Kraftfahrzeugverkehr vom 5. 12. 25.

7. Die einschlägigen Landes- und Ortspolizeiverordnungen.

A. Begriffe und Einteilung der Kraftfahrzeuge.

I. Begriffe.

1. **Betriebsfertiges Eigengewicht** ist die Schwere eines Kraftfahrzeuges ohne Beladung, jedoch mit Betriebsstoff (Benzin, Öl, Kühlwasser, Werkzeugkasten und Ersatzbereifung).

2. **Eine Pferdestärke** = **PS** ist die Arbeit, welche zu leisten notwendig ist, um 75 kg in einer Sekunde 1 m oder 1 kg in einer Sekunde 75 m hochzuheben.

Die tatsächliche Leistung eines Motors in PS nennt man Effektivstärke.

St.PS = Steuernutzleistung ist ein Begriff, der im steuerlichen Interesse notwendig wurde und ein Maß für die Bestimmung des Kraftfahrzeuges darstellt. Die Steuernutzleistung wird durch besondere Formel errechnet.

Wo bei Kraftfahrzeugen (Schild usw.) zwei Stärken angegeben sind, z. B. 16/40, bedeutet die kleinere Zahl die St.PS, die größere die Effektivstärke.

3. **Unter Wegen** sind auch Plätze, Brücken und Durchgänge zu verstehen (§ 1 Ziff. 4 KFV.).

4. **Wegebenutzer** sind Schienenfahrzeuge, Fuhrwerke, Kraftfahrzeuge (einschl. Kleinkrafträder), Radfahrer, Reiter, marschierende Abteilungen, Aufzüge sowie getriebene oder geführte Tiere, ausgenommen Hunde (§ 1 Ziff. 5 KFV.).

5. **Als Dunkelheit** ist in den Monaten April bis September die Zeit von einer Stunde nach Sonnenuntergang bis eine Stunde vor Sonnenaufgang, in den übrigen Monaten die Zeit von einer halben Stunde nach Sonnenuntergang bis eine halbe Stunde vor Sonnenaufgang zu verstehen (§ 1 Ziff. 6 KFV.).

6. **Unter Kraftfahrzeugen** allgemein versteht man Landfahrzeuge, die mit Maschinenkraft (Verbrennungsmotore, Elektrizität, Dampf) bewegt werden und nicht an Bahngeleise gebunden sind (§ 1 Ziff. 1 KFV.).

II. Einteilung der Kraftfahrzeuge.

1. **Ein Kraftwagen** ist ein Kraftfahrzeug, im Sinne von A. I, Ziff. 6, das nach den folgenden Begriffen nicht als Kraftrad, Kleinkraftrad oder als Zugmaschine ohne Güterladeraum zu bezeichnen ist. Dazu gehören der Personenkraftwagen einschl. Kraftomnibus und der Lastkraftwagen (Lieferwagen).

Ein Kraftomnibus ist ein Personenkraftwagen mit mehr als 8 Sitzplätzen einschl. Führersitz (§ 1 Ziff. 3 KFV.).

2. **Ein Kraftrad** (Kraft-Zwei- und Dreirad) ist ein Kraftfahrzeug, das auf zwei oder drei Rädern läuft und im betriebsfertigen Zustande nicht mehr als 200 kg wiegt und nicht ein Kleinkraftrad ist. Anhänger, Bei- und Vorsteckwagen bleiben bei Feststellung des Gewichtes außer Betracht (§ 1 Ziff. 2 KFV.).

3. **Ein Kleinkraftrad** ist ein Kraftrad, dessen Steuernutzleistung bei einem Außendurchmesser des aufgepumpten Radreifens von über 40 cm nicht mehr als

0,7, von unter 40 cm nicht mehr als 0,9 PS beträgt (§ 41 KFV.).

4. **Eine Zugmaschine ohne Güterladeraum** ist ein Kraftfahrzeug, bei dem außer dem Führersitz keine Ladefläche vorgesehen ist (Abb. 1).

Abb. 1.

Wo im folgenden gewisse Vorschriften auf sie nicht zutreffen, ist es besonders erwähnt.

5. **Ausnahmen:** Die Vorschriften über Kraftfahrzeuge gelten nicht für Kraftschlitten, Raupenkraftfahrzeuge (Abb. 2), Dampfstraßenlokomotiven und Straßenwalzen (Abb. 3), selbstfahrende Arbeits- und Werkzeugmaschinen zu landwirtschaftlichen und gewerblichen Zwecken (z. B. Motorpflüge, Motorsägen), ferner nicht für solche Kraftfahrzeuge, deren betriebsfertiges Gewicht in beladenem oder unbeladenem Zustand 9 t (bei 2 Achsen) oder bei 3 Achsen 15 t übersteigt (§ 2 Abs. 4 KFV.).

Abb. 2.

Abb. 3.

Für sie ist der Gemeingebrauch der öffentlichen Wege durch Reichsrecht nicht gewährleistet. Ihre Zulassung richtet sich nach den landesrechtlichen Bestimmungen.

B. Beschaffenheit, Ausrüstung und Ladung des Kraftfahrzeuges.

I. Beschaffenheit.

Die Kraftfahrzeuge müssen so beschaffen sein, daß sie keine Gefahr für den öffentlichen Verkehr darstellen, Feuer- und Explosionsgefahr ausgeschlossen sind und Belästigungen von Personen und Gefährdung von Mensch und Tier durch Geräusch, Rauch, Dampf oder üblen Geruch nicht eintreten (§ 3 KFV.).

Verbrennungsgase oder Dampf müssen durch Vorrichtungen abgeführt werden, die schalldämpfend wirken. Einrichtungen, die geeignet sind, die Schalldämpfung zu beseitigen oder abzumindern, sind verboten (§ 3 KFV.).

Der Führer ist dafür verantwortlich, daß das Kraftfahrzeug sich in ordnungsmäßigem Zustande befindet (§ 16 KFV.).

Der Führer ist insbesondere dafür verantwortlich, daß eine Belästigung von Personen oder Gefährdung von Fuhrwerken durch Geräusch, Rauch, Dampf oder üblen Geruch in keinem Falle eintritt (§ 17 Abs. 2 KFV.).

§ 17 behandelt den Fall, wo auch bei ordnungsmäßigem Zustande des Kraftfahrzeuges belästigender Lärm usw. verursacht wird.

Jedes Kraftfahrzeug wird in der Fabrik mit einer schalldämpfenden Einrichtung versehen und durch den amtlichen Sachverständigen daraufhin geprüft. Trotzdem findet man im Verkehr Fahrzeuge, besonders Motorräder, die durch ihre Geräuschverursachung stark belästigen. Dies ist ein Zeichen dafür, daß die schalldämpfende Vorrichtung sich nicht mehr in dem Zustand befindet, in dem das Kraftfahrzeug zugelassen wurde. Entweder ist die Vorrichtung unbrauchbar geworden, oder geändert oder beseitigt worden. In jedem Falle ist von den im Abschnitt N aufgeführten Maßregeln Gebrauch zu machen.

Um herrschenden Unklarheiten, die für die Anzeigen von Bedeutung sind, zu begegnen, sei folgendes bemerkt:

a) Die schalldämpfende Einrichtung besteht entweder aus einem Auspufftopf, der zwischen Motor und Ende des Auspuffrohres angebracht ist (siehe Abb. 4),

Abb. 4.

oder

b) aus einem in das Auspuffrohr eingebauten Widerstand (siehe Abb. 5).

Abb. 5.

Diese Einrichtungen werden nach erfolgter Abnahme des Fahrzeuges — besonders bei Kraft- und Kleinkrafträdern — von den Führern nicht selten unbefugt herausgenommen oder verändert, um angeblich eine größere Wirkung des Motors zu erzielen. Solche Kraftfahrzeuge wirken belästigend durch das scharfes knatterndes Geräusch, wogegen sich nicht nur der Fußgänger und Fuhrwerkslenker, sondern auch jeder gewissenhafte Kraftfahrer, wendet.

Zweckmäßig ist neben der Anzeige nach §§ 3 und 16 KFV. wegen Verursachung starken Geräusches noch Meldung (s. Abschnitt N) vorzulegen, damit eine Untersuchung nach § 28 KFV. erfolgt.

Es gibt kein Fahrzeug, das ohne schalldämpfende Vorrichtungen verkehren darf. Die zuweilen geäußerte Ansicht ist irrig, daß bei einem Auspuffrohr von bestimmter Länge, z. B. 2 m, die schalldämpfende Vorrichtung nicht notwendig sei.

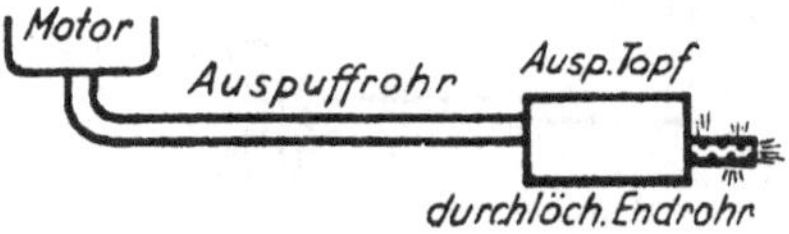

Abb. 6.

Häufig wird die Anzeige damit begründet, daß das Auspuffrohr mit Löchern versehen war, wodurch das übermäßige Geräusch entstand. Dies ist nicht in jedem Falle richtig.

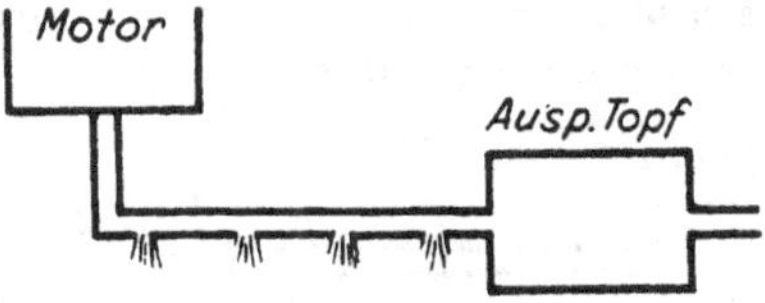

Abb. 7.

Ein vorschriftswidriger Zustand und ein Grund zum Einschreiten liegt z. B. nicht vor, wenn das Auspuffrohr zwischen Auspufftopf und Ende mit Öffnungen versehen ist (s. Abb. 6), denn dann haben die Gase die Widerstände überwunden und störendes Geräusch tritt deshalb nicht ein.

Ist dagegen das Auspuffrohr zwischen Motor und Auspufftopf (Abb. 7) oder der Auspufftopf (Abb. 8) selbst mit Löchern versehen, so ist dies vorschriftswidrig. Denn dann entweichen die Verbrennungsgase nicht restlos durch die schalldämpfenden

Einrichtungen, sondern schon vorher und verursachen starken Lärm. Außer der Anzeige ist Meldung, um die Vorführung (s. Abschn. N) zu erreichen, notwendig, denn das Fahrzeug entspricht nicht mehr den gesetzlichen Anforderungen.

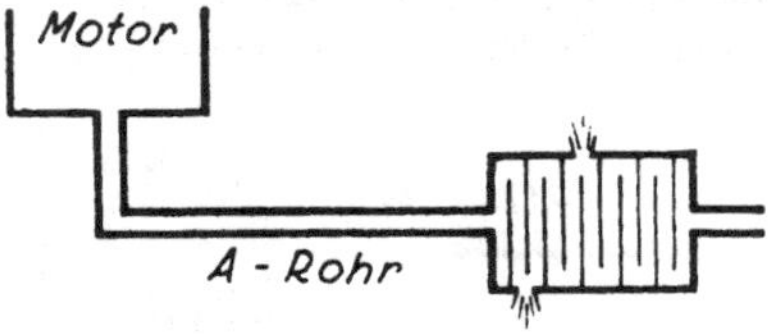

Abb. 8.

Auspuffklappen sind für deutsche Kraftfahrzeuge verboten (§ 3 KFV.).

Diese Bestimmung gilt für ausländische Kraftfahrzeuge nicht. Sie müssen jedoch in Deutschland die Auspuffklappe geschlossen halten (§ 8 d. Verordnung über internat. Kraftfahrzeugverkehr).

Abb. 9.

Wird ein Kraftfahrzeug mit gebrauchsfähiger Auspuffklappe betroffen, so ist Anzeige zu erstatten und Vorführung (s. Abschnitt N) zu veranlassen, s. Abb. 9.

Unabhängig von den schalldämpfenden Vorrichtungen, wie Auspufftopf usw., ist die Verursachung von Rauch, Dampf oder üblem Geruch.

Fälschlicherweise werden Anzeigen vorgelegt, die damit begründet werden, daß durch Öffnen der Auspuffklappe

— die nicht mehr vorhanden sein darf, siehe oben, — eine Belästigung durch Rauch usw. entstanden sei. Derartige Anzeigen sind nicht richtig und führen nicht zur Bestrafung.

Rauch, Dampf oder übler Geruch werden häufig verursacht, wenn beim Einfüllen des Öles nicht die notwendige Sorgfalt verwendet und zuviel Öl eingefüllt wird, so daß es in die Zylinder gerät und dann, da Öl schwerer verbrennt als Benzin, als Qualm mit den Verbrennungsgasen in das Auspuffrohr gestoßen wird und Belästigungen verursacht (Anzeige nach § 3 und 17 KFV.).

Gegebenenfalls kommt bei wiederholten Verstößen Meldung nach § 29 KFV. (siehe Abschnitt N) in Betracht (Entziehung des Führerscheines).

Schwer vermeidbar ist besonders bei älteren Fahrzeugen und bei eben in Betrieb genommenen eine mäßige Rauchentwicklung. Sie wird eintreten und hinzunehmen sein:

beim Anwerfen des Motors,
beim Nehmen von Steigungen,
beim Geradeausfahren nach abfallender Strecke,
beim Anfahren und
beim Umschalten.

II. Ausrüstung.

1. **Bereifung.** Zur Schonung des Fahrzeuges und der Straße, ferner um Baulichkeiten vor Erschütterungen zu bewahren, ist eine elastische Bereifung vorgeschrieben. Die Bereifung darf keine Ansätze haben, die geeignet sind, die Fahrbahn zu beschädigen (§ 3 Abs. 2 KFV.).

Zugmaschinen ohne Güterladeraum, deren betriebsfertiges Eigengewicht 2,5 t und deren Höchstgeschwindigkeit auf ebener Bahn 8 km in der Stunde nicht übersteigen, sind von den Vorschriften über Gummibereifung befreit (§ 34 Abs. 2 KFV.).

Auf vereisten oder verschneiten Straßen sind Schneeketten zugelassen.

Die KFV. sieht an elastischer Bereifung vor:

a) **die Vollgummibereifung.** Sie muß bei Kraftfahrzeugen, deren Gewicht im beladenen oder unbe-

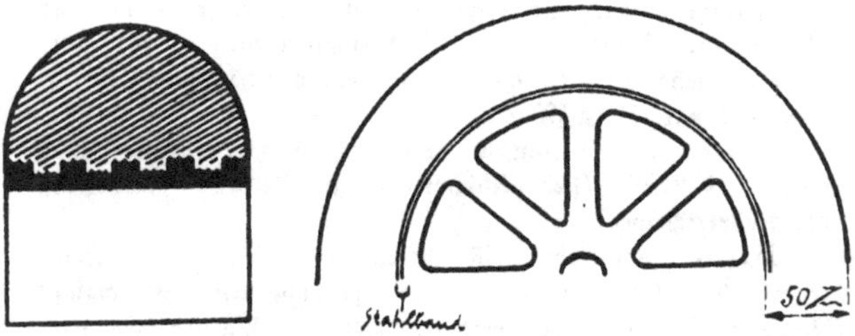

Abb. 10 und 11.

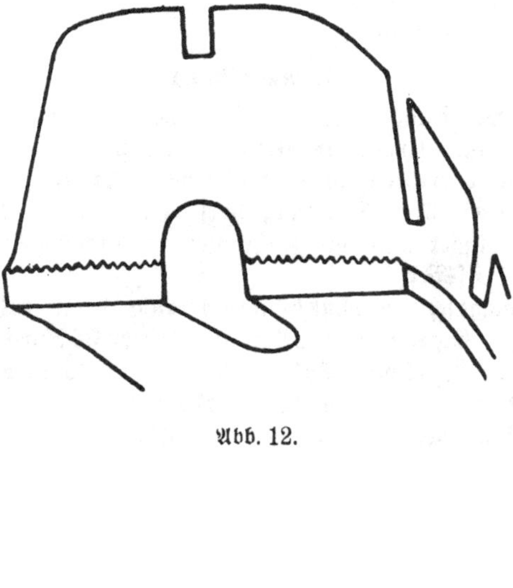

Abb. 12.

ladenen Zustande über 2,5 t beträgt, **oder** deren Stundengeschwindigkeit 15 km übersteigt, einschl. Stahlband mindestens 5 cm stark sein (§ 3 Abs. 2 KFV.), s. Abb. 10 und 11;

b) **die hochelastische Vollgummibereifung,** s. Abb. 12;

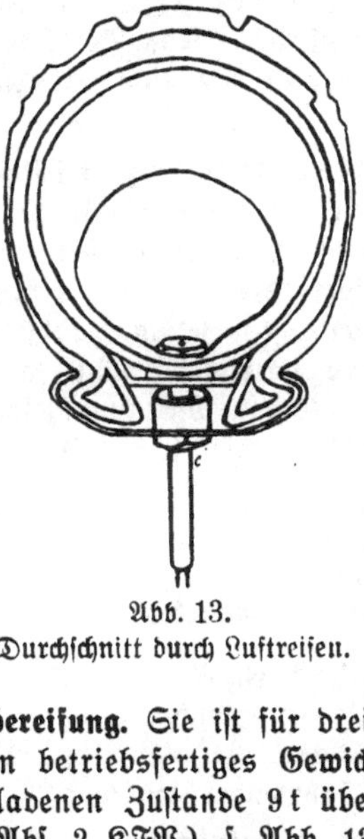

Abb. 13.
Durchschnitt durch Luftreifen.

c) **die Luftbereifung.** Sie ist für dreiachsige Kraftfahrzeuge, deren betriebsfertiges **Gewicht** im beladenen oder unbeladenen Zustande 9 t übersteigt, vorgeschrieben (§ 3 Abs. 2 KFV.), s. Abb. 13.

Die Verwendung **nichtelastischer** (Eisen) **Bereifung** für Lastkraftwagen kann durch die höhere Verwaltungsbehörde für ihren Bezirk genehmigt werden. Geschwindigkeit, Verkehrsbereich und Verkehrswege sind in jedem einzelnen Falle festzusetzen und in die Zulassungsbescheinigung einzutragen (§ 30 KFV.).

2. **Eine zuverlässige Lenkvorrichtung** (§ 4 Abs. 1 Ziff. 1 KFV.).

3. **Zwei voneinander unabhängige Bremsvorrichtungen** (§ 4 Abs. 1 Ziff. 2 KFV.). Eine der beiden Bremsen muß feststellbar sein. Bei Krafträdern ist die Feststellbarkeit der Bremse nicht notwendig (§ 4 Abs. 2 KFV.).

4. **Eine am Kraftfahrzeug befestigte Hupe.** In Deutschland dürfen nur Hupen mit klarem, von Nebengeräuschen freiem, Tone verwendet werden und falls mehrtönig, müssen die Töne in einen harmonischen Akkord anklingen. An jedem Fahrzeug muß mindestens eine Hupe vorhanden sein, mit der auch bei stillstehendem Motor Warnungszeichen abgegeben werden können (§ 4 Abs. 1 Ziff. 4 KFV.).

Diese Bestimmung gilt nicht für ausländische, nur vorübergehend in Deutschland befindliche Fahrzeuge.

Die Hupe muß am Fahrzeug befestigt sein, es genügt also nicht, wenn sie an der Reservebereifung angeschnallt ist.

Bei Dunkelheit (s. A. I 5) und starkem Nebel **mindestens zwei** in gleicher Höhe angebrachte **hellbrennende Laternen,** die gleichzeitig die seitliche Begrenzung des Fahrzeuges festlegen.

Das Glas der Laternen muß entweder farblos oder schwachgelblich sein. Lichtschein der Laternen mindestens 20 m vor dem Fahrzeug. Übermäßig stark wirkende Scheinwerfer sind verboten (§ 4 Abs. 1 Ziff. 5 KFV.).

Beim Kraftrad genügt eine Laterne, ausgenommen, wenn das Kraftrad auf der linken Seite einen Beiwagen führt (§ 4 Abs. 2 KFV.).

Die Beurteilung, ob ein Scheinwerfer übermäßig stark wirkt, dürfte für den Polizeibeamten nicht überzeugend möglich sein, sondern ist Sache des Sachverständigen. Im Zweifelsfalle ist Meldung nach § 28 KFV. zu erstatten (siehe Abschnitt N).

Ist die Beleuchtung eines Fahrzeuges zu schwach, so ist der Beamte befugt, um Gefahren, die dem Führer und der Allgemeinheit drohen, vorzubeugen, das Weiterfahren zu verhindern.

Starkwirkende Scheinwerfer sind innerhalb beleuchteter Ortsteile — ausgenommen bei starkem Nebel — ferner da, wo es die Sicherheit des Verkehrs erfordert, insbesondere beim Begegnen mit anderen Fahrzeugen, abzublenden (§ 17 Abs. 3 KFV.).

Beleuchtet ist ein Ortsteil nicht, wenn nur in größeren Abständen schwach leuchtende Beleuchtungskörper (etwa gewöhnliche Gaslaternen) angebracht sind, wie dies in kleineren Ortschaften häufig der Fall ist. Ein mangelhaft beleuchteter Ortsteil gilt als unbeleuchtet.

In der Regel sind die Lampen der Fahrzeuge so gebaut, daß ein Abblenden, d. h. ein Vermindern der Lichtwirkung vom Führersitze aus möglich ist. Ist bei starken Scheinwerfern ein Abblenden in beleuchteten Ortsteilen nicht möglich, so entsprechen sie nicht der Vorschrift. Das Fahrzeug ist dann gemäß § 28 KFV. zu melden (siehe Abschnitt N).

Häufig wird dem Beamten auf sein Verlangen, abzublenden, geantwortet, es sei geschehen. Die Aufforderung an den Führer, dann probeweise die stärkere Lichtwirkung einzuschalten, und der Erfolg werden ihm den Beweis der Richtigkeit der Behauptung erbringen.

In gutbeleuchteten Orten, wie Städten, werden meist die

Positionslampen des Fahrzeuges genügen, um es anzuzeigen und dem Führer die Fahrbahn genügend zu beleuchten.

Der Sucher ist erlaubt und darf auch innerhalb der Ortschaften brennen, aber er muß so gestellt sein, daß ein Blenden von entgegenkommenden Wegebenutzern und Fußgängern nicht erfolgt.

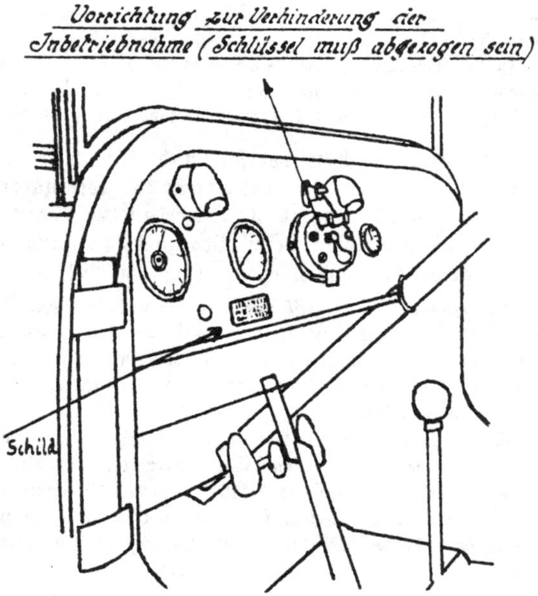

Abb. 14.

6. **Eine Vorrichtung zur Verhinderung der Inbetriebnahme** des Fahrzeuges durch Unbefugte (§ 4 Abs. 1 Ziff. 6 KFV.), Abb. 14. Bei Krafträdern nicht (§ 4 Abs. 2 KFV.).

7. An sichtbarer Stelle des Fahrgestells **ein Schild**, s. Abb. 14. Aus dem Schilde muß zu ersehen sein

die Firma, die das Fahrgestell gebaut hat,
die Fabriknummer des Fahrgestells,
die Pferdestärke des Motors und das
Eigengewicht des betriebsfertigen Fahrzeuges,

außerdem bei Krafträdern, Personenkraftwagen, mit Ausnahme der Omnibusse, und bei Lastkraftwagen bis 2,5 t Eigengewicht auch die Steuernutzleistung des Fahrzeuges (§ 4 Abs. 5 KFV.).

8. **Eine Bergstütze**, soweit nicht eine Bremse diesen Zweck erfüllt (§ 4 Abs. 1 Ziff. 3 KFV.). Bei Krafträdern nicht (§ 4 Abs. 2 KFV.) erforderlich.

9. Lastkraftwagen, deren Eigengewicht und zulässige Belastung 3,5 t übersteigt, müssen auf der linken Seite des Führersitzes **einen Spiegel** so angebracht tragen, daß die rückwärtige Fahrbahn durch den Führer beobachtet werden kann (§ 4 Abs. 8 KFV.).

10. Schlußlicht und Beleuchtung der Richtungsanzeiger müssen, soweit vorhanden (**sind nicht vorgeschrieben** außer Abschnitt K I), von **gelbroter** Farbe sein (§ 4 Abs. 9 KFV.).

III. Die Beladung.

Kraftfahrzeuge müssen so beladen sein, daß weder Personen oder Sachen beschädigt oder verunreinigt werden, noch starkes Geräusch, noch Umschlagen verursacht wird.

Über das hintere Ende des Fahrzeuges weit herausragende Ladungen müssen mit Strohkränzen,

Lappen usw. besonders kenntlich gemacht sein (§ 4 Abs. 10 KFV.).

Für die Vorschriftsmäßigkeit ist der Führer verantwortlich (§ 16 KFV.).

C. Zulassung.

Ein Kraftfahrzeug, das zum Verkehr auf öffentlichen Wegen in Betrieb genommen werden soll, muß von der für den Wohnort des Eigentümers zuständigen höheren Verwaltungsbehörde zugelassen sein (§ 5 und 6 KFV.).

Die Zulassung erfolgt durch die Zulassungsbehörde auf Antrag des Eigentümers und nach Prüfung des Fahrzeuges in technischer Hinsicht durch den amtlichen Sachverständigen. Das Gutachten des amtlichen Sachverständigen kann durch Typenbescheinigung ersetzt werden.

I. Höhere Verwaltungsbehörden.

a) Reich:

Bei der Reichswehr, Reichsmarine und Reichspost üben die Befugnisse der höheren Verwaltungsbehörde die folgenden Dienststellen (§ 39 KFV.) aus:

1. Für die Reichswehr: die Wehrkreiskommandos und zwar:

I Königsberg,
II Stettin,
III Berlin,
IV Dresden,
V Stuttgart,

VI Münster,
VII München;

2. für die Reichsmarine: die Marinestationskommandos der Ost- und Nordsee in Kiel und Wilhelmshaven,

3. für die Reichspost: die Oberpostdirektionen.

b) Länder:

1. In Preußen: Die Regierungspräsidenten, für den Landespolizeibezirk Berlin der Polizeipräsident.

Ab 1. 3. 27 bearbeiten die Regierungspräsidenten nur noch:

Erteilung von Typenbescheinigungen,
Erteilung von Probefahrtkennzeichen,
Erteilung von Genehmigungen von Zuverlässigkeitsfahrten,
Erteilung von Fahrlehrerbescheinigungen,
Erteilung von Genehmigungen für Ausbildungsunternehmungen,
Anerkennung der Prüfungssachverständigen und Erteilung der internationalen Fahrausweise.

Ab 1. 3. 27 bearbeiten die Landräte, Polizeipräsidenten und die Polizeiverwaltungen der Stadtkreise:

Die Zulassung von Kraftfahrzeugen (Zulassungsbescheinigung),
die Ausstellung der Führerscheine,
die Aushändigung der Zulassungsbescheinigung und die Abstempelung des Kennzeichens,
die Entziehung von Zulassungsbescheinigungen und Führerscheinen.

2. in Bayern:	die Bezirksämter, für München die Polizeidirektion, für die unmittelbaren Städte die Magistrate;
3. in Sachsen:	die Kreishauptmannschaften, für Dresden die Polizeidirektion, für Leipzig, Chemnitz, Zwickau und Plauen die Polizeiämter;
4. in Württemberg:	die Oberämter, für Stuttgart die Stadtdirektion;
5. in Baden:	die Bezirksämter;
6. in Thüringen:	die Landräte, für Stadtkreise der Stadtvorstand;
7. in Hessen:	die Kreisämter;
8. in Mecklenburg-Schwerin:	die Technische Kommission in Schwerin;
9. in Mecklenburg-Strelitz:	die Technische Kommission in Neustrelitz;
10. in Oldenburg:	die Polizeidirektion Oldenburg, im ehemaligen Fürstentum Lübeck die Regierung in Eutin, für Birkenfeld die Regierung in Birkenfeld;

11. in Braunschweig:	die Kreisdirektoren, für die Stadt Braunschweig die Polizeidirektion;
12. in Anhalt:	die Regierung in Dessau
13. in Lippe:	die Regierung in Detmold,
14. in Waldeck:	der Landesdirektor in Arolsen,
15. in Schaumburg-Lippe:	die Landesregierung in Bückeburg;
16. in Hamburg:	für die Stadt Hamburg die Polizeibehörde, für Hamburg Land die Landherrenschaften;
17. in Bremen:	die Polizeikommission des Senats;
18. in Lübeck:	das Polizeiamt in Lübeck.

II. Zulassungsbescheinigungen.

Über die Zulassung wird eine Bescheinigung ausgehändigt. Zugleich mit der Zulassung wird bestimmt, welches Kennzeichen das Kraftfahrzeug zu führen hat (Zuteilung des Kennzeichens). Die Zulassung gilt für das Reich. Die Zulassungsbescheinigung ist bei Fahrten stets mitzuführen und dem zuständigen Beamten auf Verlangen vorzuzeigen (für zugelassene Kraftfahrzeuge § 15, für Probefahrten § 35, für Kleinkrafträder § 42 Abs. 4 KFV.).

1. **Die polizeiliche Bescheinigung zur Vorführung des Kraftfahrzeuges.** Wie oben erwähnt, wird als Bestätigung der erfolgten Zulassung des Kraftfahrzeuges eine Zulassungsbescheinigung ausgehändigt und ein

Kennzeichen zugeteilt. Da das Kennzeichen polizeilich abgestempelt und der Beweis über erfolgte Bezahlung der Kraftfahrzeugsteuer vor Aushändigung der Zulassungsbescheinigung erbracht sein muß, wird der Eigentümer aufgefordert, zwecks Prüfung und Abstempelung (sog. Abnahme), den Wagen bei der Polizeibehörde vorzuführen. Als Beweis für die berechtigte Fahrt ohne Zulassungsbescheinigung hat er die Aufforderung der Polizeibehörde bei der Fahrt mit sich zu führen und auf Verlangen dem zuständigen Polizeibeamten vorzuzeigen (§ 33 KFV.), s. Abschnitt E.

Muster.

Polizei-Präsidium. Frankfurt a. M., den 16. 10. 1926.

Sie werden ersucht, Ihren Personenkraftwagen, der vom Herrn Regierungspräsidenten in Wiesbaden unter I T – 15701 zugelassen worden ist, zur polizeilichen Abnahme beim Polizei-Präsidium vorzuführen.

Die Vorführung kann an Wochentagen, außer Mittwoch und Sonnabend, in der Zeit von 4.30 Uhr nachm. ab erfolgen.

Der Polizei-Präsident.
J. V.: Auerbach.

2. Die Zulassungsbescheinigung.

Sie wird nach erfolgter polizeilicher Abstempelung des Fahrzeuges ausgehändigt (Abb. 15) und gilt solange, als die folgenden Änderungen nicht eintreten. Der freie Raum der 3. und 4. Seite ist für Nachtragungen vorgesehen (Neuabstempelung des Kennzeichens durch eine nichtzuständige Polizeibehörde, Ausnahmen über Bereifung, Verwendung, Fahrgeschwindigkeit, Fahrbereich und Änderungen am Fahrzeug, ohne daß eine Neuzulassung notwendig wurde).

(Auf **hellgrünem** glatten Leinwandpapier. Breite 10 cm, Höhe 15 cm. Typendruck.)

(1. Seite)

Zulassungsbescheinigung.

Herrn ....

in ....

.... Straße Nr. ....

ist unter der Erkennungsnummer

der/das umseitig beschriebene Kraft wagen/rad zum Verkehr auf öffentlichen Wegen und Plätzen zugelassen worden.

...., den ... ten .... 19 ....

....

(Name der höheren Verwaltungsbehörde)

(Stempel)

Liste Nr. ....

(2. Seite)

Firma, die das Fahrgestell hergestellt hat	
Fabriknummer des Fahrgestells	
Art und Bestimmung des Fahrzeugs	
Art der Kraftquelle	
Pferdestärken der Maschine oder des Motors	
Steuernutzleistung	
Eigengewicht des betriebsfertigen Fahrzeugs	
Zulässige Belastung (kg oder Personen einschließlich Führer)	
Achs- und Felgendrucke im beladenen Zustand (nur bei Fahrzeugen, deren Gesamtgewicht — einschließlich Ladung — 5 t übersteigt)	

Abb. 15.

Abb. 15.

(4. Seite)

(3. Seite)

Die Zulassungsbescheinigung ist ausgehändigt.

.........................., den ....ten .... 19.....

....

(Name der Polizeibehörde)

(Stempel)

(Raum für nachträgliche Eintragungen.)

a) **Neuzulassung.** Bei Änderung der Art der Kraftquelle — sie wird, da unwirtschaftlich, kaum eintreten —, bei Einbau eines stärkeren Motors, bei Veränderung der Bremse oder Lenkvorrichtung in Bauart oder Wirkung hat der Eigentümer die Neuzulassung zu beantragen. Er darf das Kraftfahrzeug erst wieder in Betrieb nehmen, wenn das Neuzulassungsverfahren abgeschlossen und ihm eine Zulassungsbescheinigung darüber behändigt ist (§ 6 Abs. 3 Satz 2 KFV.). Benutzung vor Zulassung ist Vergehen nach § 23 KFG. (s. Abschnitt Q).

b) **Berichtigung der Zulassungsbescheinigung.** Tritt an einem Kraftfahrzeug eine Änderung ein, die zwar eine Neuzulassung nicht notwendig macht, infolge der aber die Zulassungsbescheinigung berichtigt werden muß (z. B. Änderung in der Bestimmung des Fahrzeuges), so hat der Eigentümer dies innerhalb 2 Wochen bei der zuständigen höheren Verwaltungsbehörde zu beantragen (§ 6 Abs. 3 Satz 1 KFV.).

Die nur gelegentliche Verwendung eines Lastkraftwagens zur Personenbeförderung oder eines Personenkraftwagens zum Warentransport stellt keine Änderung der Zweckbestimmung dar, daher ist in solchem Falle eine Berichtigung nicht notwendig.

c) **Umschreibung der Zulassungsbescheinigung.**

aa) Verlegt der Eigentümer eines Fahrzeugs seinen Wohnsitz in den Bezirk einer anderen höheren Verwaltungsbehörde und will er das Kraftfahrzeug weiter benutzen, so hat er unverzüglich die Erteilung einer neuen Zulassungsbescheinigung unter Beifügung der bisherigen oder einer beglaubigten Abschrift derselben zu beantragen. Ein neues Gutachten der amtlichen Sachverständigen ist nicht nötig (§ 6 Abs. 4 KFV.).

bb) Geht ein Fahrzeug an einen anderen Eigentümer über, so hat der bisherige Eigentümer den Eigentumsübergang unverzüglich der für seinen Wohnort zuständigen höheren Verwaltungsbehörde mitzuteilen, und den Namen, Wohnort und Wohnung des neuen Eigentümers anzugeben. Die Zulassungsbescheinigung ist dem neuen Eigentümer abzugeben und die Empfangsbescheinigung der obigen Behörde mit einzusenden.

Der neue Eigentümer hat unverzüglich unter Beifügung der bisherigen Zulassungsbescheinigung oder einer beglaubigten Abschrift derselben die Zulassung zu beantragen. Das Sachverständigengutachten ist nicht notwendig. Nach Behändigung der neuen Zulassungsbescheinigung ist die alte abzugeben, wenn dies nicht schon mit dem Antrage erfolgte. Die Kraftfahrzeugsteuer ist vor Behändigung der Zulassungsbescheinigung zu entrichten (§ 6 Abs. 6 KFV.).

Der Wechsel des Wohnsitzes und des Eigentümers ändert an der Zulassung des Fahrzeuges nichts, es kann daher weiterbenutzt werden (ObLG. vom 20. 2. 25 Rev. Reg. I 12/25).

Unterläßt der Eigentümer bei Wohnsitzwechsel oder der neue Eigentümer den Antrag auf Umschreibung der Zulassungsbescheinigung zu stellen, so verstößt er gegen § 6 KFV. und § 21 KFG.

3. **Bescheinigung über Zuteilung eines Kennzeichens für Kleinkrafträder.** Sie wird von der höheren Verwaltungsbehörde auf den Namen des Eigen-

tümers ausgestellt und ist bei Benutzung des Kleinkraftrades mitzuführen und dem zuständigen Beamten auf Verlangen vorzuzeigen.

Zum Führen eines Kleinkraftrades ist eine Genehmigung (außer bei Personen unter 16 Jahren, für die sie die höhere Verwaltungsbehörde ausnahmsweise erteilt), nicht notwendig. Die Bestimmungen über Neuzulassung und Umschreibung unter C II 2 gelten sinngemäß (§ 42 KFV.), Abb. 16.

4. **Die Probezulassungsbescheinigung für Kraftfahrzeuge aller Art, mit Ausnahme von Kleinkrafträdern.**

a) Liegt für den Eigentümer eines Kraftfahrzeuges die Notwendigkeit vor, eine Fahrt zu unternehmen, ohne daß das Fahrzeug nach §§ 5 und 6 KFV. zugelassen ist, so erhält er auf Antrag von der für seinen Wohnort zuständigen höheren Verwaltungsbehörde eine Probefahrtzulassungsbescheinigung. Sie wird zeitlich befristet ausgestellt (§ 35 Abs. 1 KFV.), Abb. 17. Weiter erhalten Kraftfahrzeugfabriken, Kraftfahrzeughändler und Reparaturwerkstätten von der zuständigen höheren Verwaltungsbehörde auf Antrag und wenn sie zuverlässig sind, eine im Verhältnis zur Größe ihres Betriebes stehende Anzahl von Probefahrtzulassungsbescheinigungen (§ 35 Abs. 2 KFV.), Abb. 18. Über alle Probefahrten ist eine Liste zu führen, in die jede einzelne Benutzung des Probefahrtkennzeichens einzutragen ist. Die Eintragungen müssen die Bezeichnung des Kraftfahrzeuges (Fabrikat, Fabriknummer des Fahrgestells und Motors), Angabe des Führers, der Insassen, der Zeit der Abfahrt und Rückkehr, der Fahrstrecke und des Zweckes der Probefahrt enthalten (§ 35 Abs. 6 KFV.).

(Auf **hellrotem** glatten Leinwandpapier. Breite 10 cm, Höhe 15 cm. Typendruck.)

(1. Seite)

Bescheinigung.

Herrn ....

in ....

.... Straße Nr. ....

ist für das umseitig beschriebene Kleinkraftrad die Erkennungsnummer

zugeteilt worden.

.................., den ....ten.................. 19.....

....

(Name der höheren Verwaltungsbehörde)

(Stempel)

Liste Nr. ....

(2. Seite)

Firma, die die Antriebsmaschine hergestellt hat		
Fabriknummer der Antriebsmaschine		
Pferdestärken der Antriebsmaschine		
Steuernutzleistung		
Bei Verbrennungsmaschinen	Zahl der Zylinder	
	Durchmesser der Zylinder	
	Kolbenhub	
	Art der Maschine Viertakt- oder Zweitaktmaschine	
Außendurchmesser der Radreifen, wenn die Steuernutzleistung 0,7 Pferdestärke übersteigt		

Abb. 16.

Abb. 16.

(4. Seite)

(3. Seite)

Die Bescheinigung ist ausgehändigt

........................, den .... ten .... 19......

....
(Name der Polizeibehörde)

(Stempel)

Raum für nachträgliche Eintragungen

(Auf **weißem** Papier. Breite 10 cm, Höhe 15 cm. Typendruck.)

(2. Seite)

Firma, die das Fahrgestell hergestellt hat, und Fabriknummer des Fahrgestells	
Bestimmung des Fahrzeugs	
Art der Kraftquelle	
Anzahl der Pferdestärken der Maschine oder des Motors	
Eigengewicht des betriebsfertigen Fahrzeugs	
Bei Fahrzeugen, deren Gesamtgewicht (einschl. Ladung) 5 t übersteigt, die Achs- und Felgendrucke im beladenen Zustand	
Zulässige Belastung (kg oder Personen einschließlich Führer)	

(1. Seite)

De ....

in ....

ist d......... umseitig beschriebene Kraftwagen (Kraftrad) zur Veranstaltung von Probefahrten zugelassen worden. Bei den Probefahrten muß das Fahrzeug mit einem der nachstehend aufgeführten roten Probefahrtkennzeichen

versehen sein.

..................., den ......ten.................. 19....

....

(Name der höheren Verwaltungsbehörde)

(Stempel)

Abb. 17.

(Auf **weißem** Papier. Breite 10 cm, Höhe 15 cm. Typendruck.)

(2. Seite)

Firma, die das Fahrgestell hergestellt hat, und Fabriknummer des Fahrgestells	
Bestimmung des Fahrzeugs	
Art der Kraftquelle	
Anzahl der Pferdestärken der Maschine oder des Motors	
Eigengewicht des betriebsfertigen Fahrzeugs	
Bei Fahrzeugen, deren Gesamtgewicht (einschl. Ladung) 5 t übersteigt, die Achs- und Felgendrucke im beladenen Zustand	
Zulässige Belastung (kg oder Personen einschließlich Führer)	

.................., den ...... ten .... 19 .....

....

(Unterschrift des Eigentümers)

(1. Seite)

De ....

in ....

ist d .... umseitig beschriebene Kraftwagen — Kraftrad — zur Veranstaltung von Probefahrten unter Vorbehalt jederzeitigen Widerrufs zugelassen. Bei den Probefahrten muß das Fahrzeichen mit einem der nachstehend aufgeführten roten Probefahrtkennzeichen

versehen sein.

Diese Bescheinigung ist nur gültig, wenn die umstehende Beschreibung vom Eigentümer ausgefüllt und unterschrieben ist.

.................., den ...... ten .... 19 .....

....

(Name der höheren Verwaltungsbehörde)

(Stempel)

Lfd. Nr. ....

Abb 18.

Diese Liste ist dem zuständigen Beamten auf Verlangen vorzuzeigen (§ 35 Abs. 7 KFV.).

b) **Als Probefahrten gelten:**

aa) Fahrten zur Feststellung oder zum Nachweis der Gebrauchsfähigkeit der Fahrzeuge von seiten der Fabriken, Reparaturwerkstätten und Kauflustiger. Bei letzteren nur, wenn das Fahrzeug kostenfrei oder nur gegen Erstattung der Barauslagen überlassen wird (§ 35 Abs. 10 KFV.).

bb) Überführungsfahrten zur Verbringung des Fahrzeuges an einen anderen Ort, bei Eigentumswechsel oder Wechsel des Wohnortes des Eigentümers an den neuen Einstellungsort, ferner bei Verkauf ins Ausland zum Transport an den Grenzort. Weiter fallen darunter Fahrten zur Abschleppung eines auf öffentlichen Wegen schadhaft gewordenen Fahrzeuges von der Stelle, wo es fahrunfähig geworden ist (§ 35 Abs. 11 KFV.).

c) **Als Probefahrten gelten nicht:**

aa) Reklame- und Vorführungsfahrten, die zur Erregung der Kauflust dienen (§ 35 Abs. 10 KFV.).

bb) Fahrten angeblicher Kauflustiger, die für die Benutzung außer den Barauslagen für Gummi, Benzin usw. eine Vergütung zahlen (§ 35 Abs. 10 KFV.).

Die Beladung des Fahrzeuges ist bei Probefahrten ohne Belang. Sie muß sich nur im in der Probezulassungsbescheinigung angegebenen Rahmen halten. Probefahrten dürfen auch an Sonn- und Feiertagen stattfinden, wenn nicht gewerbepolizeiliche Rücksichten hinsichtlich der Sonntagsruhe gewerblicher Arbeiter vorherrschen.

Die Beteiligung an Renn- und Zuverlässigkeitsfahrten darf erfolgen, wenn die Fahrten tatsächlich der Erprobung der

(Auf **weißem** Papier. Breite 10 cm, Höhe 15 cm. Typendruck.)

(1. Seite)

Bescheinigung

Herrn ....

in ....

.... Straße Nr. ....

ist (sind) zur Veranstaltung von Probefahrten mit dem umseitig beschriebenen Kleinkraftrad das (die) grüne........ Probefahrtkennzeichen

zugeteilt worden.

Diese Bescheinigung ist nur gültig, wenn die umstehende Beschreibung vom Eigentümer ausgefüllt und unterschrieben ist.

.................., den ...... ten .... 19......

....

(Name der höheren Verwaltungsbehörde)

(Stempel)

Liste Nr. ....

(2. Seite)

Firma, die die Antriebsmaschine hergestellt hat		
Fabriknummer der Antriebsmaschine		
Pferdestärken der Antriebsmaschine		
Steuernutzleistung		
Bei Verbrennungsmaschinen	Zahl der Zylinder	
	Durchmesser der Zylinder	
	Kolbenhub	
	Art der Maschine (Viertakt- oder Zweitaktmaschine)	
Außendurchmesser der Radreifen, wenn die Steuernutzleistung 0,7 Pferdestärke übersteigt		

.................., den ...... ten .... 19......

....

(Unterschrift des Eigentümers)

Abb. 19.

(Auf **weißem** Papier. Breite 10 cm, Höhe 15 cm. Typendruck.)

(1. Seite)

Bescheinigung

Herrn ....

in ....

.... Straße Nr. ....

ist zur Veranstaltung von Probefahrten mit dem umseitig beschriebenen Kleinkraftrad das grüne Probefahrtkennzeichen

zugeteilt worden.

...................., den .... ten .... 19 ....

....
(Name der höheren Verwaltungsbehörde)

(Stempel)

(2. Seite)

Firma, die die Antriebsmaschine hergestellt hat		
Fabriknummer der Antriebsmaschine		
Pferdestärken der Antriebsmaschine		
Steuernutzleistung		
Bei Verbrennungsmaschinen	Zahl der Zylinder	
	Durchmesser der Zylinder	
	Kolbenhub	
	Art der Maschine (Viertakt- oder Zweitaktmaschine)	
Außendurchmesser der Radreifen, wenn die Steuernutzleistung 0,7 Pferdestärke übersteigt		

Abb. 20.

Leistung und Zuverlässigkeit des Fahrzeuges dienen. Ist der Zweck aber der, das Fahrzeug dem Publikum vorzuführen, also Reklame zu machen, so liegt das unbefugte Ingebrauchnehmen eines nicht zugelassenen Fahrzeuges vor (ObLG. vom 29. 9. 25, Rev. Reg. I 420/25).

5. **Die Probezulassungsbescheinigung für Kleinkrafträder.** Für Probefahrten mit Kleinkrafträdern gilt das über Kraftfahrzeuge Gesagte (s. oben Ziff. 4). Die Bescheinigung über die Zuteilung eines Probekennzeichens für ein Kleinkraftrad wird ebenfalls von der höheren Verwaltungsbehörde ausgestellt (§ 42 KFV.), Abb. 19 und 20.

6. **Der Ausweis des amtlichen Sachverständigen.** Der amtliche Sachverständige bedarf zu Probefahrten keiner Probezulassungsbescheinigung. Es genügt sein Ausweis als amtlicher Sachverständiger (§ 31 Abs. 1 KFV.).

7. **Der internationale Fahrausweis.** (Internationales Abkommen über den Verkehr mit Kraftfahrzeugen vom 11. 10. 09 und Verordnung über den internationalen Kraftfahrzeugverkehr vom 5. 12. 25.)

a) Für den Verkehr von deutschen Fahrzeugen im Auslande und von ausländischen Fahrzeugen in Deutschland gelten die folgenden Bestimmungen. Fahrzeuge aus Staaten, die dem internationalen Abkommen beigetreten sind, haben in Deutschland den internationalen Fahrausweis mitzuführen (s. Abb. 21).

Der internationale Fahrausweis gilt für ein Jahr und wird für deutsche Fahrzeuge zum Verkehr im Auslande (Vertragsstaaten) von der höheren Verwaltungsbehörde — in Preußen durch RegPräs., in

(Dunkelgrün) Abb 21. (Seite 1)

Verkehr mit Kraftfahrzeugen.

Internationales Abkommen vom 11. Oktober 1909.

Internationaler Fahrausweis

für den zeitlich beschränkten Verkehr im Ausland.

Dieses Ausweisheft ist in allen Vertragsstaaten*) nur ein Jahr vom Ausstellungstag gültig.

Ausstellung des Ausweisheftes.

Ort: ....

Tag: ....

D ....

....

(Stempel der Behörde)

*) Dies sind folgende Staaten: Deutschland, Belgien, Bulgarien, Dänemark, Danzig, Finland, Frankreich nebst Algerien, Marokko (französische Zone) und Tunis, Griechenland, Großbritannien nebst Britisch-Indien (mit Ausnahme der unter britischer Oberhoheit stehenden Gebiete eingeborener Fürsten und Stammeshäupter), Gibraltar, den Inseln Alderney, Guernsey, Jersey sowie Malta, ferner der Irische Freistaat, Italien, Liechtenstein, Litauen, Luxemburg, Monaco, die Niederlande nebst Niederländisch-Indien, Norwegen, Österreich, Polen, Portugal, Rumänien, Rußland, Schweden, die Schweiz, Spanien, die Tschechoslowakische Republik, Ungarn.

Abb. 21. (Seite 2)

Deutsches Reich.

Visa beim Eintritt in das Deutsche Reich	Visa beim Austritt aus dem Deutschen Reich
Ort:	Ort: ....
Tag:	Tag: ....
D......... Zoll	D......... Zoll ....
(Stempel der Zollstelle)	(Stempel der Zollstelle)

Ausschluß eines Führers.

Dem Herrn ....
(Name und Vorname)
der nach dem Vorstehenden durch die Behörde von .... (Land) .... ermächtigt worden ist, ist die Führung des Kraftfahrzeugs im Gebiete des Deutschen Reichs durch

....

untersagt worden.

(Stempel der Behörde)

Der (Die, Das) ....
.... , den ....
....
(Unterschrift)

Zulassung eines neuen Führers.

.................., den ....
Der (Die, Das) ....
(Unterschrift)

(Lichtbild)

(Stempel der Behörde)

Name: ....
Vorname: ....
Ort der Geburt: ....
Tag der Geburt: ....
Wohnort: ....

(Seite 3) Abb. 21

Deutsches Reich.

Angaben
über das Fahrzeug

Eigentümer des Fahrzeugs: Name: ......
Vorname: ......
Wohnort: ......

Art des Fahrzeugs (Wagen, Dreirad usw.): ......
Bezeichnung des Herstellers: ......
Angabe des Typs des Fahrgestells: ......
Ordnungsnummer in der Typenreihe oder Fabriknummer des Fahrgestells: ......

Motor: ...... Anzahl der Zylinder: ......
Anzahl der Pferdestärken des Motors oder Bohrung der Zylinder: ......

Aufbauten: ...... Form: ......
Farbe: ......
Gesamtzahl der Plätze: ......

Eigengewicht des Fahrzeugs (in Kilogrammen: ......
Erkennungsnummer des Kennzeichens: ......
......

Angaben
über den oder die Führer.

Name: ......
Vorname: ......
Ort der Geburt: ......
Tag der Geburt: ......
Wohnort: ......

Name: ......
Vorname: ......
Ort der Geburt: ......
Tag der Geburt: ......
Wohnort: ......

Abb. 21. (Seite 5 bis 60)

(Hier folgen die ausländischen Einlageblätter, wie sie nach Anordnung des Reichskanzlers gemäß den Angaben der beteiligten fremden Regierungen zusammenzustellen sind.)

(Seite 61)

Abb. 21.

(Hier einzufalzen)

(Hier einzufalzen)

Photographie

(Stempel der Behörde)

Photographie

(Stempel der Behörde)

Leinwandpapier.

Abb. 22.

(Vorderseite)

Das umseitig beschriebene Kraftfahrzeug ist hier eingegangen und unter der Erkennungsnummer

eingetragen worden.

.... den ....ten .... 19.....

(L. S)

(Rückseite)

Namen und Wohnort des Eigentümers	
Firma, die das Fahrgestell hergestellt hat	
Fabriknummer des Fahrgestells	
Art der Kraftquelle	
Anzahl der Pferdestärken der Maschine oder des Motors	
Eigengewicht des Fahrzeugs	
Zulässige Belastung (kg oder Personenzahl einschl. Führer)	

Berlin durch PolPräs. — ausgestellt. Für deutsche Fahrzeuge ist er im Inlande nicht verwendbar.

8. **Zulassungspapiere für Fahrzeuge aus Staaten, die dem internationalen Abkommen nicht beigetreten sind.** Führer außerdeutscher Fahrzeuge, die in das deutsche Reichsgebiet gelangen wollen und einen internationalen Fahrausweis nicht führen — der Staat, aus dem der Besitzer oder der Führer des Fahrzeuges kommt, ist dem internationalen Abkommen nicht beigetreten, oder es ist die Ausstellung eines internationalen Fahrausweises nicht nachgesucht worden (Grenzverkehr) — haben folgende Papiere vorzuweisen:

a) Eine Bescheinigung ihrer Heimatbehörde, aus der hervorgeht, daß die Verkehrssicherheit des Fahrzeuges gewährleistet ist.

b) An Stelle des Führerscheines ein entsprechendes ausländisches Zeugnis (s. F II, 3).

Zu a und b ist Anerkennungsvermerk des zuständigen deutschen Konsuls notwendig.

c) Die Steuerkarte eines Grenzzollamtes oder eines inländischen Steuer- oder Zollamtes, **oder** wenn eine Steuerkarte nicht gelöst ist, eine Bescheinigung über die erfolgte Zuteilung eines Kennzeichens (§ 11 der Verordnung über den internationalen Kraftfahrzeugverkehr v. 5. 12. 25), Abb. 22.

D. Kennzeichnung.

Nach Beendigung des Zulassungsgeschäftes wird dem Kraftfahrzeug ein Kennzeichen zugeteilt (§ 6 Abs. 2 KFV.).

Die Kennzeichnung hat den Zweck, eine Kontrolle über die ordnungsmäßige Zulassung des Kraftfahrzeuges zu ermöglichen und dem Publikum wie der Polizei die Feststellung zu gewährleisten.

Bei der dauernd wachsenden Zahl der Kraftfahrzeuge ist es von großer Bedeutung, daß sich die Kennzeichen in vorschriftsmäßigem Zustande befinden

Häufig erhält der Beamte bei Feststellung mangelhafter Kennzeichnung die Antwort, das Fahrzeug sei in dem Zustande zugelassen worden. Wenn auch diese Behauptung im allgemeinen nicht der Wahrheit entspricht, so wird doch bei manchen Abnahmestellen der „Abnahme" nicht die notwendige Sorgfalt gewidmet und dadurch den Polizeibeamten der Dienst erschwert, da sie einerseits die Pflicht zur Beanstandung haben, anderseits aber von seiten der Führer die Schuld auf die abnehmende Stelle geschoben und dadurch der Beamte beim Einschreiten gehemmt wird.

Es ist ohne weiteres einleuchtend, daß der Führer, dessen Kraftfahrzeugkennzeichen in Ordnung ist, sich eher in Grenzen der Verkehrsbestimmungen halten wird, als der, welcher dem Kennzeichen nicht dauernd Beachtung schenkt.

I. Beschaffenheit.

Das Kennzeichen besteht aus einem oder mehreren Buchstaben oder römischen Ziffern, dem Unterscheidungszeichen, zur Bezeichnung des Landes oder bei größeren Ländern des Verwaltungsbezirkes und aus der Erkennungsnummer (§ 8 Abs. 1 KFV.).

Das Unterscheidungszeichen (Buchstabe oder römische Ziffern) steht nach einem Plane des Reichsverkehrsministers für die einzelnen Bezirke fest (§ 8 Abs. 1 KFV.).

Die Erkennungsnummer ergibt sich aus der Liste, in die jedes Fahrzeug bei Zulassung durch die höhere Verwaltungsbehörde einzutragen ist (§ 6 Abs. 2 KFV.).

Übersicht über die Unterscheidungszeichen

1. für das Reich:

Reichswehr (Reichsheer und Marine)	RW
Reichspost	RP

2. für Preußen: Ziffer I und Buchstaben, und zwar:

Landespol.-Bezirk Berlin	IA
Reg.-Bezirk Schneidemühl	IB
Prov. Ostpreußen und Reg.-Bezirk Marienwerder	IC
Prov. Brandenburg	IE
Prov. Pommern	IH
Prov. Schlesien	IK
Reg.-Bezirk Sigmaringen	IL
Prov. Sachsen	IM
Prov. Schleswig-Holstein	IP
Prov. Hannover	IS
Prov. Hessen-Nassau	IT
Prov. Westfalen	IX
Prov. Rheinland	IZ

3. für Bayern: Ziffer II und Buchstaben, und zwar:

Stadtbezirk München	IIA
Reg.-Bezirk Oberbayern	IIB
Reg.-Bezirk Niederbayern	IIC

Reg.-Bezirk Rheinpfalz	II D
Reg.-Bezirk Oberpfalz	II E
Reg.-Bezirk Oberfranken	II H
Stadtbezirk Nürnberg	II N
Reg.-Bezirk Mittelfranken . . .	II S
Reg.-Bezirk Unterfranken . . .	II U
Reg.-Bezirk Schwaben und Neuburg	II Z
4. für Sachsen: Ziffern I—V ohne Buchstaben, und zwar:	
Kreishauptmannschaft Bautzen .	I
Kreishauptmannschaft Dresden .	II
Kreishauptmannschaft Leipzig . .	III
Kreishauptmannschaft Chemnitz .	IV
Kreishauptmannschaft Zwickau .	V
5. für Württemberg: Ziffer III mit Buchstaben	A, C, D, E, H, K, M, P, S, T, X, Y, Z
6. für Baden	IV B
7. für Thüringen	Th
8. für Hessen: Ziffer V und Buchstaben	O, R, S
9. für Mecklenburg-Schwerin	M I
10. für Mecklenburg-Strelitz	M II
11. für Oldenburg	O I, O II, O III
12. für Braunschweig	B
13. für Anhalt	A
14. für Lippe	L
15. für Schaumburg-Lippe	S L
16. für Waldeck	W

17. für Hamburg . . . . H H
18. für Bremen . . . . H B
19. für Lübeck . . . . H L
20. für das Saargebiet . . . . Saar

II. Anbringung des Kennzeichens.

1. **Bei Kraftwagen.** Bei Kraftwagen ist ein vo deres und ein hinteres Kennzeichen vorgeschrieben.

Abb. 23.

a) **Das vordere Kennzeichen.** Es ist auf die Wa dung des Fahrzeuges aufzumalen oder auf ein rechteckigen Tafel anzubringen. Bei spitz zulaufend Fahrzeugen kann es durch zwei Kennzeichen erse werden, die beiderseits an den spitz zulaufenden End anzubringen sind (§ 8 Abs. 1 KFV.).

Das Kennzeichen darf mit seinem unteren Rande nicht weniger als 20 cm vom Erdboden entfernt sein (§ 10 KFV.). Die Anbringung muß an leicht sichtbarer Stelle erfolgen (§ 8 Abs. 1 KFV.), und das Kennzeichen darf niemals verdeckt sein und muß in stets lesbarem Zustande erhalten werden (§ 10 KFV.).

Der Forderung des § 10 wird nicht genügt, wenn die Kennzeichentafel an der Vorderachse des Fahrzeuges angebracht und durch die Federung verdeckt wird, Abb. 23.

Abb. 24.

Ferner nicht, wenn das Kennzeichen am Kühlerfuß angebracht ist und der Kühler weit hinter den vorgewölbten Kotflügeln liegt oder wenn es sich bei einem mit Stoßvorrichtung versehenen Kraftfahrzeug in gleicher Höhe rückwärts oder unten rückwärts befindet, Abb. 24.

Läßt der Bau des Fahrzeuges — zurückliegender Motor, stark nach vorn gewölbte Kotflügel, Stoßabwehrvorrichtung —

eine Anbringung des Kennzeichens an diesen Stellen nicht zu, so ist es Sache der polizeilichen „Abnahme“stellen, zu fordern,

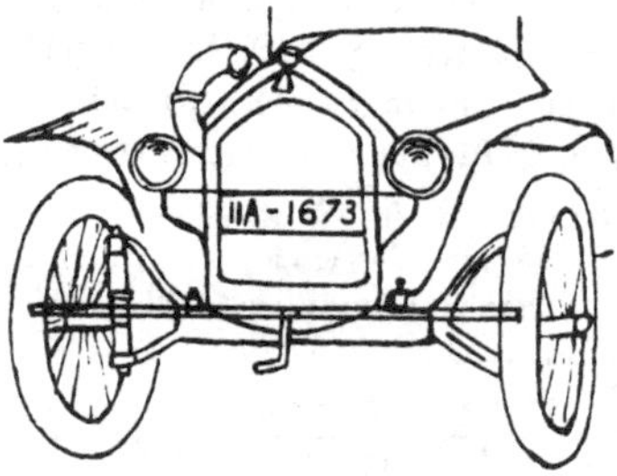

Abb. 25.

Abb. 26.

das Kennzeichen zwischen den Lampen vor dem Kühler oder vor der Stoßvorrichtung anbringen zu lassen (Abb. 25 und 26). Der häufige Einwand, daß eine Anbringung des Kennzeichens zwischen den Lampen oder vor dem Kühler den Luftzutritt zu letzterem beeinträchtigen würde, darf kein Hinderungsgrund sein, eine ordnungsmäßige Anbringung zu verlangen. In erster Linie muß das Fahrzeug hinsichtlich des Kennzeichens so ausgestattet sein, daß den Vorschriften genügt wird. Im übrigen führen eine große Anzahl von Fahrzeugen das Kennzeichen zwischen den Lampenhaltern vor dem Kühler, ohne daß sich dabei eine wirklich nennenswerte Hemmung der Kühlung ergeben hat.

Abb. 27.

b) **Das hintere Kennzeichen** (§ 8 Abs. 3, § 10 und § 31 Abs. 2 KFV.). Die Anbringung kann durch Aufmalen auf die Rückwand des Fahrzeuges oder in Form einer rechteckigen Tafel, die auch Bestandteil einer Laterne sein kann, erfolgen (§ 8 Abs. 2 KFV.). Bei spitz zulaufenden Fahrzeugen kann das Kennzeichen durch zwei Kennzeichen ersetzt werden, die an den spitz zulaufenden Flächen zu befestigen sind (§ 8

Abs. 1 KFV.), Abb. 27. Entfernung des unteren Randes nicht weniger als 45 cm vom Fußboden (§ 10 KFV.). Auch dieses Kennzeichen muß an leicht sichtbarer Stelle (§ 8 Abs. 1 KFV.) angebracht sein, darf niemals verdeckt sein und muß in stets lesbarem Zustande erhalten werden (§ 10 KFV.).

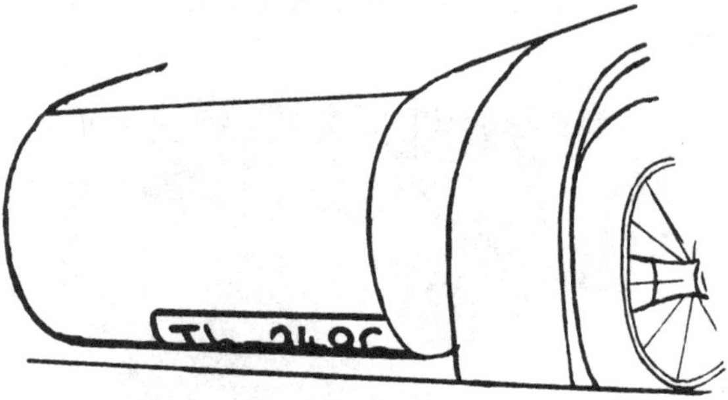

Abb. 27a.

Die Anbringung auf einem Kotflügel dürfte der Vorschrift nicht entsprechen, weil in diesem Zustande das Kennzeichen nur von einer Seite sichtbar ist; ebenso, wenn das Kennzeichen unter dem Gepäckhalter angebracht ist, weil es dann im Falle der Beladung verdeckt wird. Meist ist diese Vorrichtung erst nach „Abnahme" angebracht worden, so daß die Abnahmestelle diese Vorschriftswidrigkeit nicht abstellen konnte. Auch das Aufmalen des Kennzeichens führt häufig zur teilweisen Unleserlichkeit, wenn es auf gewölbten Flächen erfolgt (Benzintank) (Abb. 27a). Bei Lastkraftwagen ist das Kennzeichen vielfach unter dem Ladeboden angebracht, der es verdeckt.

In allen Fällen unvorschriftsmäßiger Anbringung hat der Polizeibeamte einzuschreiten und neben der Anzeige nach § 10

KFB. auch Meldung nach § 28 Abs. 1 KFB. vorzulegen (siehe Abschnitt N).

2. **Bei Kraftzweirädern und Kleinkrafträdern** — nicht aber Kraftdreirädern, denn diese haben ein vorderes und hinteres Kennzeichen zu führen (§ 8 Abs. 5 KFB.) — ist nur die Anbringung **eines** Kennzeichens — **rechteckige** beiderseitig beschriebene Tafel — vorne in der Fahrtrichtung notwendig (§ 8 Abs. 4 KFB.).

3. **Bei Anhängern.** Werden ein oder mehrere Anhängewagen oder -achsen mitgeführt, so ist das hintere Kennzeichen entweder an beiden Seiten des Kraftfahrzeuges oder an der Rückseite des letzten Anhängers anzubringen. Im ersteren Falle ist Schlußlicht zu führen (§ 25 Abs. 5 KFB.).

III. Befestigung des Kennzeichens.

Dauerkennzeichen müssen, sofern nicht aufgemalt, mit Nieten, Nägeln oder Schrauben befestigt sein (vorderes Kennzeichen § 8 Abs. 2, hinteres Abs. 3, an Krafträdern Abs. 4, Kleinkrafträdern § 42 KFB.). Probekennzeichen können auch durch Anhängen befestigt werden (§ 31 Abs. 2 KFB.).

Die Kennzeichen sind an Kraftwagen senkrecht oder annähernd senkrecht zur Längsachse des Fahrzeuges (§ 8 Abs. 1 KFB.), an Kraftzweiräder (§ 8 Abs. 4 KFB.) und Kleinkrafträder (§ 42 KFB.) an der Vorderseite in der Fahrtrichtung anzubringen. Falsche Anbringung Abb. 28.

IV. Ausführung des Kennzeichens.

Das Kennzeichen ist auf einer rechteckigen Tafel anzubringen, daher ist es vorschriftswidrig, wenn andere Flächen verwendet werden (§ 8 Abs. 2 vorderes, Abs. 3 hinteres, Abs. 4 Krafträder, § 31 Abs. 2 Probekennzeichen und § 42 KFV. Kleinkrafträder).

Die Länge der Tafel ist nicht vorgeschrieben, weil sonst bei mehrstelligen Erkennungsnummern die Abstände der einzelnen Ziffern voneinander nicht eingehalten werden können. Die Höhe dagegen ist bestimmt. Als vorderes Kennzeichen bei Kraftfahrzeugen und

Abb. 28.

als Kennzeichen bei Krafträdern kommt nur eine Tafel in Frage, auf der die Zeichen in einer Reihe stehen (§ 8 Abs. 2 und 4 KFV.), während beim hinteren Kennzeichen das Unterscheidungszeichen auch über der Erkennungsnummer angebracht sein kann (§ 8 Abs. 3 und 5 KFV.). Schriftart ist die Balkenschrift (§ 8 Abs. 2 für vorderes, Abs. 3 für hinteres, Abs. 4 für Kraftradkennzeichen, § 31 Abs. 2 für Probefahrtkennzeichen, § 42 KFV. für Kennzeichen des Kleinkraftrades).

Maße und Farbe der Kennzeichen:

	Kraftwagen aller Art		Kraftwagen bis 3 PS Steuernutzlast oder Kraftdreiräder		Kraftzweiräder Kennzeichen	Kleinkrafträder Kennzeichen
	vord. Kennzeichen	hint. Kennzeichen	vord. Kennzeichen	hint. Kennzeichen		
	mm	mm	mm	mm		
Randbreite	10	10	8	8	8	8
Schrifthöhe	75	100	60	60	60	60
Strichstärke der Zeichen . . .	12	15	10	10	10	10
Abstand der Zeichen untereinander und vom Rande . .	20	20	12	12	12	12
Stärke des Trennungsstriches } nur bei einzeiligen Kennzeichen	12	15	10	10	10	10
Länge des Trennungsstriches } nur bei einzeiligen Kennzeichen	25	30	18	18	18	18
Höhe der Tafel ausschl. Rand bei einzeiligen } Kennzeichen	115	140	84	84	84	84
Höhe der Tafel ausschl. Rand bei zweizeiligen } Kennzeichen		260		156		
Grundfarbe	weiß					
Farbe des Randes und der Schriftzeichen:						
a) bei festzugelassenen Kraftfahrzeugen aller Art	schwarz					
b) bei Probefahrten . . .	rot					grün
Bestimmung der Verordnung (KFV.) vom 5. 12. 1925	§ 8 Abs. 2	§ 8 Abs. 3	§ 8 Abs. 5		§ 8 Abs. 4	§ 42

Für Probekennzeichen § 31 Abs. 2 unter Zugrundelegung der entsprechenden Vorschriften über Maße und Farbe der §§ 8 und 42 KFV. (s. oben!).

V. Lesbarkeit des Kennzeichens.

Das Kennzeichen muß in stets lesbarem Zustande erhalten werden (§ 10 KFV. für Dauerkennzeichen, § 31 Abs. 2 für Probefahrtkennzeichen und § 42 KFV. für Kennzeichen der Kleinkrafträder).

Beleuchtungsvorrichtungen dürfen Kennzeichen von keiner Seite verdecken (§ 11 KFV).

Die Lesbarkeit wird beeinträchtigt:

1. **Durch Verstaubung oder Verschmutzung.** Der Führer muß sich von dem ordnungsmäßigen Zustand des Kennzeichens dauernd überzeugen. Bei trockenem Wetter und bei nassen Straßen muß er die Kennzeichen einer öfteren Reinigung unterziehen. Die Unbequemlichkeit des Haltens zu diesem Zwecke entbindet ihn keineswegs von seiner Verpflichtung. Hauptsächlich ist darauf zu sehen, daß das Kennzeichen bei Antritt der Fahrt vollständig gereinigt ist und daß beim Halten vor Gaststätten, Geschäften usw. die Reinigung, wenn nötig, wiederholt wird.

Abb. 29.

Wie oft der Kraftfahrer die Reinigung vorzunehmen hat, ergibt sich aus der Forderung des Gesetzgebers, daß das Kennzeichen in stets lesbarem Zustand sein muß.

Das Kennzeichen muß auch während der Fahrt gereinigt werden, wenn der Wagen besonders schmutzige Stellen befahren hat, doch kann dem Führer nicht zugemutet werden, beim Befahren einwandfreier Wegestrecken, sich in kurzen Zeiträumen immer wieder von dem Zustand des Kennzeichens zu überzeugen (ObLG. vom 10. 1. 25).

Abb. 30.

2. **Durch Alter und Schadhaftigkeit.** Die Farbe der Kennzeichen wird im Laufe der Zeit durch Witterungseinflüsse zersetzt und die Unterscheidungszeichen und Erkennungsnummern verblassen. Durch Steinschlag usw. werden Teile der Lackfarbe abgestoßen und es entstehen Roststellen, Abb. 29.

Abb. 31.

3. **Durch die Art der Anbringung.** Teile der Befestigungsvorrichtung der Kennzeichen liegen in der Kennzeichenfläche, Abb. 30 und 31.

Verschiedene Firmen liefern Fahrzeuge mit vorbereiteter vorderer Kennzeichenfläche, durch die ein Loch für die Anwurfkurbel geht, Abb. 32.

Ein besonders häufig auftretender Mißstand ist das Herabhängenlassen der Kurbel vor dem vorderen Kennzeichen, ferner die unsachgemäße Anbringung des Beleuchtungskörpers für das hintere Kennzeichen, Abb. 33.

Abb. 32.

Mangelhaft befestigte Antriebskurbel beeinträchtigt den lesbaren Zustand (KG. vom 18. 6. 25, 3. S. 101/25).

Abb. 33.

VI. Beleuchtung des Kennzeichens.

Bei Dunkelheit und starkem Nebel ist das hintere Kennzeichen und das Kennzeichen bei Kraftzweirädern deutlich erkennbar zu beleuchten (§ 11 für Kennzeichen fest zugelassener Kraftfahrzeuge, § 31 für Probekennzeichen, § 42 KFV. für Kennzeichen der Kleinkrafträder).

Bei Mitführen von Anhängewagen oder -achsen muß das hintere Kennzeichen, wenn es an der Rückseite des letzten Fahrzeuges angebracht ist, bei Dunkelheit und starkem Nebel beleuchtet sein. Ist das hintere Kennzeichen an den beiden Seitenwänden des Kraftwagens angebracht, so ist Beleuchtung derselben nicht notwendig, aber das letzte Fahrzeug muß dann ein Schlußlicht führen (§ 25 Abs. 5 KFV.).

Vorrichtungen zum Abstellen der Beleuchtung vom Sitze des Führers oder vom Innern des Wagens aus sind nur zulässig, wenn beim Abstellen gleichzeitig sämtliche Laternen verlöschen (§ 11 KFV.).

Häufig ist der Beleuchtungskörper zu schwach oder so angebracht, daß der Lichtkegel nur einen Teil des Kennzeichens beleuchtet. Es erscheint daher angebracht, die polizeiliche Abnahme eines Fahrzeuges auf späte Nachmittagsstunden anzuberaumen, so daß bei Tageslicht die Kennzeichnung usw. und bei Dunkelheit die Beleuchtung überprüft werden kann.

VII. Stempelung des Kennzeichens.

Die Kennzeichen müssen mit dem Dienststempel der Polizeibehörde (polizeiliche Abnahmestelle) versehen sein. Die Abstempelung darf erst dann vorgenommen werden, wenn die **sorgfältige Prüfung** der Erfüllung der Vorschriften (s. Abschnitt D und E) erfolgt ist (§ 9 KFV. für Dauerzulassung, § 31 für Probekennzeichen, § 42 für Kennzeichen der Kleinkrafträder).

Die Anbringung des Stempels hat so zu erfolgen, daß dadurch die Lesbarkeit des Kennzeichens nicht beeinträchtigt wird.

Ist der Dienststempel unleserlich geworden oder muß das abgestempelte Kennzeichen erneuert werden, so ist das Kraftfahrzeug der zuständigen Polizeibehörde vorzuführen. Ist die Vorführung bei dieser nicht möglich, so kann die Abstempelung durch die nächstgelegene Polizeibehörde vorgenommen werden. Sie hat hierüber einen Vermerk in der Zulassungsbescheinigung, Seite 3 oder 4 zu machen (§ 12 KFV.).

Von der Führung eines gestempelten Kennzeichens sind Kraftfahrzeuge befreit, die auf der Fahrt zur Polizeibehörde zwecks Vorführung des Kraftfahrzeuges und Abstempelung des Kennzeichens, öffentliche Wege benutzen müssen. Als Ausweis dient die schriftliche Aufforderung der Polizeibehörde, das Fahrzeug vorzuführen (§ 33 KFV.) s. C II 1.

VIII. Arten der Kennzeichen.

1. Die Kennzeichnung für **deutsche Kraftfahrzeuge** ergibt sich aus obigen Ausführungen (Zulassungsbe-

Vorderes Kennzeichen für Kraftwagen:

Abb. 34.

scheinigung bzw. entsprechende Papiere siehe Abschnitt C), Abb. 34 und 34a bis c (Maße s. D IV).

Hinteres Kennzeichen für Kraftwagen:

Abb. 34a.

Hinteres Kennzeichen in anderer Form:

Abb. 34b.

Kennzeichen für Krafträder:

Abb. 34 c.

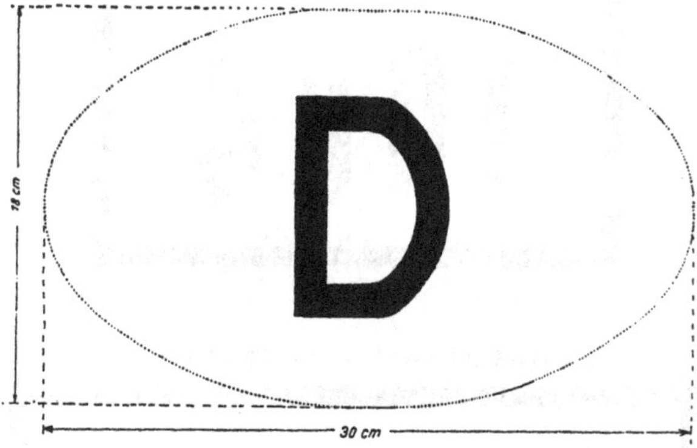

Abb. 35.

Deutsches Nationalitätszeichen
für Kraftwagen mit internationalem Fahrausweis
Schrifthöhe 10 cm, Strichbreite 15 mm.

Für Krafträder:

Schildbreite 18 cm, Schildhöhe 12 cm,
Schrifthöhe 8 cm, Strichbreite 10 mm.

2. **Kraftfahrzeuge aus Staaten, die dem internationalen Abkommen über den Kraftfahrzeugverkehr beigetreten sind, haben,** wenn sie deutsches Reichsgebiet betreten, neben dem Kennzeichen ihres Landes das **Nationalitätsabzeichen** zu führen. Beide Kennzeichnungen sind auf der Rückseite des Fahrzeuges sichtbar und leserlich und bei Dunkelheit und starkem Nebel beleuchtet, zu führen (§ 6 der Verordnung über den internationalen Kraftfahrzeugverkehr vom 5. 12. 25), Abb. 35. Nach dem internationalen Abkommen über den Verkehr mit Kraftfahrzeugen sind für die Vertragsstaaten folgende Unterscheidungszeichen (Nationalitätsabzeichen) festgesetzt:

Staat	Unterscheidungszeichen	Staat	Unterscheidungszeichen
Deutschland	D	Angelo-normanische Insel Guernsey .	GBG
Belgien	B	Angelo-normanische Insel Jersey . . .	GBI
Bulgarien	BG	Britisch-Indien . .	BI
Dänemark	DK	Irischer Freistaat . .	SE
Danzig	DA	Italien	I
Finland	SF	Liechtenstein	FL
Frankreich nebst Kolonien	F	Litauen	ST
Griechenland . . .	GR	Luxemburg	L
Großbritannien nebst Gibraltar u. Malta	GB	Monaco	Mc
Angelo-normanische Insel Alderney . .	GBA	Niederlande	NL
		Niederländisch-Indien	IN

Staat	Unterscheidungszeichen	Staat	Unterscheidungszeichen
Norwegen	N	Schweden	S
Österreich	A	Schweiz	CH
Polen	PL	Spanien	E
Portugal	P	Tschecho-Slowakei .	CS
Rumänien	RN	Ungarn	H
Rußland	R		

3. **An fremdländische Fahrzeuge,** die beim Betreten deutschen Reichsgebietes den internationalen Fahrausweis nicht führen, weil die Staaten, aus denen die Fahrzeuge stammen, dem internationalen Abkommen nicht beigetreten sind, oder weil es sich nur um einen kurzen Aufenthalt handelt, sind die Landeskennzeichen zu entfernen oder unsichtbar zu machen. Sie erhalten vom deutschen Grenzzollamt ein Kennzeichen (§ 11 Abs. 1b, Verordnung über den internationalen Kraftfahrzeugverkehr vom 5. 12. 25), Abb. 36.

Die Verteilung der Nummern auf die Grenzzollämter erfolgt durch das Reichsfinanzgrenzamt Berlin-Dahlem, Lentze-Allee 8–10.

Die höheren Verwaltungsbehörden sind im Besitze der Verteilungsübersicht, außerdem kann sie durch die Reichsdruckerei, Berlin SW 68, Oranienstraße 91, bezogen werden.

Die entsprechenden Papiere sind aus Abschnitt C zu ersehen.

4. **Ausnahmen.** Keines Kennzeichens bedürfen:

a) Zugmaschinen ohne Güterladeraum, deren be-

Abb. 36.
Beim Grenzübertritt ausgegebenes Kennzeichen für Kraftfahrzeuge ohne internationalen Fahrausweis (sog. Zollnummer).

triebsfertiges Eigengewicht 3,5 t und deren Höchstgeschwindigkeit auf ebener Bahn 15 km in der Stunde nicht übersteigen. Für sie ist das Mitführen einer Laterne an der Rückseite, außer den beiden vorderen, mit gelbrotem oder weißem Licht vorgeschrieben. Falls von diesen Maschinen Anhänger mitgeführt werden, muß diese Laterne am Schlusse des Zuges angebracht sein (§ 34 KFV.).

b) Kraftfahrzeuge der Feuerwehr im Dienste und der öffentlichen Straßenreinigung (§ 32 KFV.).

c) Fahrzeuge, die zum Zwecke der Vorführung und Abstempelung des Kennzeichens bei der Polizeibehörde vorgefahren werden. Die Aufforderung hierzu ist mitzuführen (§ 33 KFV.).

E. Hinweise für die sog. polizeiliche Abnahme von Kraftfahrzeugen.

Das Kraftfahrzeug wird durch die höhere Verwaltungsbehörde bzw. durch die beauftragte Polizeibehörde „abgenommen".

Die Abnahmestelle hat insbesondere folgende Punkte zu prüfen:

1. In der Aufforderung zur Vorführung des Kraftfahrzeuges (C II Ziff. 1) ist zweckmäßig ein Zeitpunkt festzusetzen, der in den späten Nachmittagsstunden liegt, damit die Überprüfung des Fahrzeuges noch bei Tageslicht, die der Beleuchtungsvorrichtungen in der Dunkelheit erfolgen kann. Nötigenfalls sind die Beleuchtungsvorrichtungen in dunklen Räumen zu prüfen.

2. Vergleichung der Angaben der Zulassungsbescheinigung mit den auf dem Schilde – siehe Abschnitt B II Ziff. 7 –

enthaltenen und mit der Motornummer des Fahrzeuges, um sicher zu gehen, daß das vorgeführte Kraftfahrzeug tatsächlich das in der Zulassungsbescheinigung beschriebene ist.

3. Eingehende Nachprüfungen, ob die Kennzeichen den gesetzlichen Anforderungen hinsichtlich Beschaffenheit, Anbringung, Befestigung, Ausführung, Lesbarkeit usw. entsprechen, siehe Abschnitt D.

4. Nachprüfung der Beleuchtung überhaupt und insbesondere der des hinteren Kennzeichens. Ist die Lichtquelle für die Beleuchtung des Fahrzeuges und des hinteren Kennzeichens eine gemeinsame und erfolgt das Ein- und Ausschalten der gesamten Beleuchtung durch ein und dieselbe Vorrichtung nur in der Weise, daß bei Betätigung gleichzeitig sämtliche Laternen brennen oder verlöschen?

Ist der Beleuchtungskörper für das hintere Kennzeichen stark genug, und so angebracht, daß damit Gewähr gegeben ist, daß auch bei stärkeren Erschütterungen während der Fahrt ein Versagen der Beleuchtung ausgeschlossen ist?

Verdeckt der Beleuchtungskörper das Kennzeichen nicht, ist der Lichtkegel so stark, daß die Kennzeichnung in allen Teilen gut sichtbar wird?

5. Nach eingehender Prüfung der Punkte 1—4 und erlangter Überzeugung, daß ihnen vollkommen genügt ist, Abstempelung der Kennzeichen. Hierbei ist darauf zu achten, daß der Stempel so angebracht wird, daß Teile des Kennzeichens durch ihn nicht verdeckt oder unklar werden (Abschnitt D VII).

F. Führerschein.

Wer auf öffentlichen Wegen ein Kraftfahrzeug führen will, bedarf der Erlaubnis der zuständigen höheren Verwaltungsbehörde (§ 14 Abs. 1 KFV.).

Dem Antrag auf Erteilung der Erlaubnis sind folgende Papiere beizufügen:

a) Ein Geburtsschein,
b) ein amtsärztliches Zeugnis,
c) ein Lichtbild (Brustbild 6 × 8 cm),
d) eine Bescheinigung über die erfolgte praktische Ausbildung im Führen eines Fahrzeuges bei einer Fahrschule. Sie kann nachgereicht werden, wenn der Antrag bereits während der Ausbildung gestellt wird.

I. Ausnahmen.

Der Führerschein ist nicht nötig zum Führen von:

1. Kraftfahrzeugen, die elektrisch angetrieben werden und deren Steuernutzleistung 1 PS nicht übersteigt (§ 14 Abs. 1 KFV.);
2. Zugmaschinen ohne Güterladeraum, deren betriebsfertiges Eigengewicht 3,5 t und deren Höchstgeschwindigkeit auf ebener Bahn 15 km in der Stunde nicht übersteigen (§ 34 Abs. 1 und 2 KFV.);
3. Kleinkrafträdern. Führer unter 16 Jahren haben einen Ausweis der höheren Verwaltungsbehörde zu führen (§ 42 KFV.);
4. einem Schulfahrzeug durch den Fahrschüler (§ 3 Abs. 2 KFG.).

Personen, die keinen Führerschein besitzen, dürfen zum Zwecke ihrer Ausbildung als Kraftfahrzeugführer Kraftfahrzeuge führen, wenn sie von einem Fahrlehrer (s. F II d) begleitet sind. Der Fahrlehrer gilt als Führer.

Das Führen von Kraftfahrzeugen aller Art, auch von solchen, zu denen, wie oben aufgeführt, ein Führerschein nicht notwendig ist, ist Personen unter 18 Jahren (§ 14 Abs. 2 KFV.), von Kleinkrafträdern für solche unter 16 Jahren (§ 42 KFV.) nicht gestattet. Ausnahmen kann die höhere Verwaltungsbehörde zulassen.

II. Arten des Führerscheines.

1. **Für Führer deutscher Fahrzeuge** im inländischen Verkehr.

a) Führerschein der **Klasse 1** für Krafträder (Zwei- und Dreiräder) — mit Ausnahme von Kleinkrafträdern — mit einem betriebsfertigen Eigengewicht bis zu 200 kg.

b) Führerschein der **Klasse 2** für Kraftfahrzeuge über 2,5 t betriebsfertiges Eigengewicht und Zugmaschinen ohne Güterladeraum, die nicht unter die Ausnahmen zu F I Ziffer 2 fallen.

Irrtümlich wird angenommen, daß alle Lastkraftfahrzeuge unter Klasse 2 zu stellen seien. Dem ist nicht so, vielmehr gehören solche Lastkraftwagen (Lieferwagen) mit einem betriebsfertigen Eigengewicht unter 2,5 t in die Klasse 3.

c) Führerschein der Klasse 3 für Kraftfahrzeuge bis zu 2,5 t betriebsfertiges Eigengewicht. Hierunter fallen auch Kraft-Zwei- und -dreiräder über 200 kg und Lastkraftwagen unter 2,5 t betriebsfertigem Eigengewicht.

Klasse 3a bis 8 PS Steuernutzleistung.

Klasse 3b über 8 PS Steuernutzleistung, **Abb. 37.**

Für welche Klasse der Führerschein vorliegen muß, ergeben die Zulassungsbescheinigung des Fahrzeuges (siehe Abschnitt C II) und das Schild am Fahrzeug (Abschnitt B II Ziff. 7). Aus ihnen ist das Gewicht und gegebenenfalls die Steuernutzleistung zu ersehen.

Der Führerschein gilt **nur** für die Betriebsart (Elektromotor, Verbrennungsmaschine oder Dampfmaschine) und für

(Auf **dunkelgrauem** oder **braunem** glatten Leinwandpapier.
Breite 10 cm, Höhe 15 cm, Typendruck.) (1. Seite)

Führerschein

Ausgestellt für ....

.............................., geboren am ....ten .... 1 ....

in ....

wohnhaft in ....

.... Straße Nr. ....

Abb. 37.

Abb. 37.

(2. Seite)

Herr ....

ist auf Grund der vor dem amtlich anerkannten Sachverständigen

Herrn ....

.... in ....

am .... ten .... 19 .... abgelegten Prüfung

ermächtigt, $\frac{\text{einen Kraftwagen}}{\text{ein Kraftrad}}$ mit (Motor) ....

.... (Klasse) .... zu führen.

.... den .... ten .... 19 ....

....

(Name der höheren Verwaltungsbehörde)

Liste Nr. ....

Abb. 37.

(3. Seite)

(Raum für das Lichtbild des Inhabers)

(Stempel)

Eigenhändige Namensunterschrift des Inhabers:

Seite 4 bietet Raum für weitere amtliche Eintragungen, insbesondere für Vermerke über **Ausdehnung der Fahrerlaubnis** nach der Ergänzungsprüfung **für andere Fahrzeugklassen!**

die Klasse (Klassen), für die er ausgestellt ist. Zum Führen eines Kraftfahrzeuges anderer Betriebsart oder anderer Klasse muß der entsprechende Führerschein vorhanden sein. Jedoch kann mit Führerschein der Klasse 3b ohne weiteres ein Fahrzeug der Klasse 3a geführt werden.

Der Führerschein der Klasse 3b kann ohne Prüfung auf die Klasse 2 erweitert werden, wenn der Nachsuchende dartut, daß er ein Fahrzeug der Klasse 3b bereits 1 Jahr **geführt** hat.

Bei Erweiterung auf Klasse 2 oder Ausdehnung eines Führerscheines auf andere Klassen erfolgt durch die höhere Verwaltungsbehörde eine entsprechende Eintragung auf Seite 4 des Führerscheines.

d) **Der Fahrlehrerschein.** Wer Personen zu Führern auf öffentlichen Wegen verkehrender Kraftfahrzeuge ausbilden will, bedarf der Erlaubnis (Fahrlehrerschein). Die Erlaubnis wird durch die höhere Verwaltungsbehörde erteilt (Preußen: Regierungspräsident, Bayern: Reg.-Präs., Thüringen: Ministerium für Inneres und Wirtschaft, Abtlg. Wirtschaft.) Die Erlaubnis berechtigt zur Vornahme von Übungsfahrten im ganzen Reich, soweit nicht Einschränkungen im Fahrlehrerschein vermerkt sind. (§ 1 d. V. über d. Ausbildung von Kraftfahrzeugführern v. 1. 3. 21 in der Fassung vom 15. 3. 23.)

Fahrlehrerscheine mit einem Ausstellungsdatum vor dem 1. 5. 1921 sind ungültig (§ 9 der obigen Verordnung).

Zur Ausbildung als Kraftwagenführer darf vom Fahrlehrer nur angenommen werden, wer durch amtsärztliches Zeugnis seine körperliche Eignung nachweist; eine Person unter 18 Jahren nur mit besonderer Er-

(Auf **gelbem** glatten Papier,
Breite 10 cm, Höhe 15 cm. Typendruck.)

(1. Seite)

Fahrlehrerschein

Ausgestellt für ....

....

geboren am ......ten .... 1......

in ....

wohnhaft in ....

....

....

.... Straße Nr. ....

(2. Seite)

(Nichtzutreffendes ist zu durchstreichen.)

....

erhält hiermit widerruflich die Erlaubnis zur Ausbildung von Führern auf Kraftfahrzeugen

mit Verbrennungsmaschine Klasse ....
mit elektrischer Batterie Klasse ....
mit Dampfmaschine Klasse ....

Die Erlaubnis gilt nur für Ausbildung von Führern im Dienste der
(Firma, Ausbildungsunternehmen, Behörden usw.)

....

....

Dieser Fahrlehrerschein ist bei Übungs- und Prüfungsfahrten mitzuführen; er verliert bei Entziehung des Führerscheins ohne weiteres seine Gültigkeit.

................., den ......ten.................. 19....

....
(Name der höheren Verwaltungsbehörde
(Stempel)

Liste Nr. ....

Abb. 38.

(3. Seite)

Eigenhändige Namensunterschrift des Inhabers

....

(Raum für weitere amtliche Eintragungen, insbesondere für Vermerke, betreffend Ausdehnung der Erlaubnis.)

(4. Seite)

Abb. 38.

laubnis der höheren Verwaltungsbehörde (Abschnitt VII der Anlage zur obigen Verordnung).

Der Fahrlehrer hat bei Übungs- und Prüfungsfahrten neben dem Führerschein den Fahrlehrerschein mit sich zu führen und dem zuständigen Beamten auf Verlangen vorzuzeigen (§ 1 der obigen Verordnung). Abb. 38.

III. Der internationale Fahrausweis.

Siehe C. II. Ziffer 7. Zulassungsbescheinigung und Führerschein sind in einem Formular vereinigt (§ 6 d. V. über den internationalen Kraftfahrzeugverkehr vom 5. 12. 25 siehe auch D. VIII. Ziffer 2).

IV. Papiere für Führer ausländischer Kraftfahrzeuge ohne internationalen Fahrausweis.

Führer ausländischer Kraftfahrzeuge, die einen internationalen Fahrausweis nicht haben, müssen den Führerschein ihrer Heimatbehörde mit Anerkennungsvermerk einer deutschen Behörde und entweder eine Steuerkarte oder eine Bescheinigung über das zugeteilte Kennzeichen bei sich führen (§ 11 d. V. über den internationalen Kraftfahrzeugverkehr v. 5. 12. 25 siehe auch C. II. Ziffer 8).

G. Benutzung der öffentlichen Wege.

I. Befahren mit Kraftfahrzeugen — auch Kleinkrafträdern —.

Benutzbar für Kraftfahrzeuge ist jeder öffentliche Fahrweg, soweit die Benutzung für alle Kraftfahrzeuge oder bestimmte Arten derselben oder in bestimmter Richtung nicht verboten ist (§ 22 KFV.).

Belastungsbestimmungen für Brücken gelten auch für Kraftfahrzeuge.

1. Auf Radfahrwegen und Fußwegen ist der Kraftfahrzeugverkehr grundsätzlich verboten. Kraftzweiräder — nicht aber Kraftdreiräder und Kraftzweiräder mit Beiwagen — dürfen dann Radfahrwege und solche Fußwege, die für den Radfahrverkehr freigegeben sind, benutzen, wenn die ausdrückliche polizeiliche Genehmigung dazu vorhanden ist (§ 22 KFV.).

2. Fehlen auf Straßen (Landstraßen, Feldwegen) erkennbare Fußwege und läßt es die Breite der Fahrbahn zu, so haben Kraftfahrzeuge mindestens 1 m Abstand vom Straßenrand zu halten (§ 22 KFV.).

Wo erkennbare Fußwege vorhanden sind, dürfen sie selbst dann nicht von Kraftfahrzeugen befahren werden, wenn der Zustand des Weges (Fahrbahn) ein so schlechter ist, daß die Benutzung fast unmöglich ist (KG. vom 23. 6. 25, 1 S. 492/25 und OLG. Rostock vom 9. 10. 25, AZ. 2 II, KO. 323).

3. Wo neben der befestigten Fahrbahn eine unbefestigte (Sommerweg) vorhanden ist, gilt jede als selbständiger Weg, d. h. auf jeder findet der Verkehr nach beiden Richtungen — rechte und linke Seite — im Rahmen der Fahrordnung statt. Ausnahmsweise darf, wenn dies **erforderlich** ist, beim Ausweichen und Überholen von einer auf die andere Fahrbahn gefahren werden. Abb. 39 (§ 2 Abs. 3 KFV.).

4. Das Wettfahren und die Veranstaltung von solchen ist auf öffentlichen Wegen verboten. Genehmi-

gung für Zuverlässigkeitsfahrten erteilt die höhere Verwaltungsbehörde bzw. die oberste Landesbehörde (§ 24 KFV.).

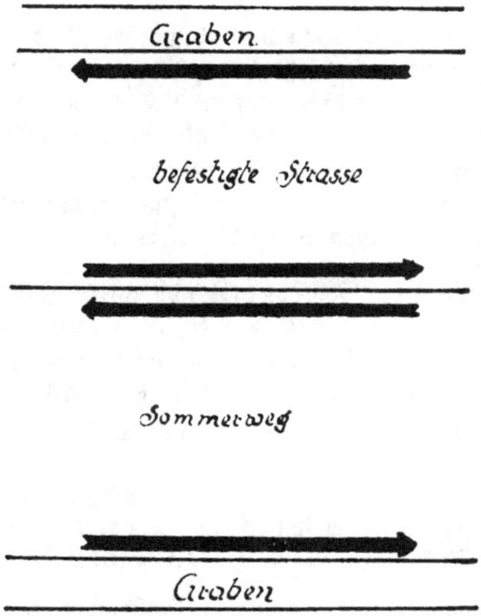

Abb. 39.

5. Fahrzeugen der Polizei und Feuerwehr, die sich durch besondere Zeichen bemerkbar machen, ist schon bei ihrer Annäherung freie Bahn zu schaffen (§ 21d Abs. 1 KFV.).

6. Kranken- und Rettungswagen und in Tätigkeit befindlichen Spreng- und Kehrwagen ist Platz zu machen (§ 21d Abs. 1 KFV.).

7. Truppenkörper, geschlossene Polizeiverbände, Leichenzüge und Prozessionen dürfen nur durch im Feuerwehrdienste begriffene Fahrzeuge unterbrochen oder gehemmt werden (§ 21d Abs. 1 KFV.).

II. Wegeverbote und Verkehrsbeschränkungen.

Der § 23 KFV. sieht im Absatz 1 Wegeverbote und Beschränkungen und im Abs. 2 Geschwindigkeitsbeschränkungen vor.

a) Wegeverbote und Beschränkungen.

1. Verbote und Beschränkungen für die Benutzung öffentlicher Wege können für den gesamten Kraftfahrzeugverkehr oder für bestimmte Arten von Kraftfahrzeugen oder für eine bestimmte Fahrtrichtung erlassen werden.

2. Die Verbote und Beschränkungen können mit dauernder Geltung erlassen oder auf gewisse Zeiten beschränkt werden (z. B. Sonntage, Tageszeiten mit Rücksicht auf anderweitigen starken Verkehr usw.).

3. Voraussetzung zum Erlaß derartiger Verbote und Beschränkungen ist, daß der Zustand der Wege oder der Zustand anliegender Gebäude oder die Eigenart des Verkehres, insbesondere des Fußgängerverkehrs, diese Maßnahme notwendig machen.

4. Außer den unter 3 angeführten Voraussetzungen können Verbote und Beschränkungen für bestimmte Örtlichkeiten auch dann erlassen werden, wenn besondere Verhältnisse dies erfordern (Krankenhäuser, Schulen, Parkstraßen usw.).

5. Die Befugnis zum Erlaß steht zu 1—3, wenn es sich um Wege handelt, die nicht dem Durchgangs-

verkehre dienen, den Polizeibehörden (in Preußen der Wegepolizeibehörde, in Thüringen dem Landrat, Oberbürgermeister), im anderen Falle, wenn sich also das Verbot oder die Beschränkung auf solche Wege erstreckt, die dem Durchgangsverkehr dienen, und zu 4 den obersten Landesbehörden, bzw. bei Übertragung durch letztere, den höheren Verwaltungsbehörden zu.

b) **Beschränkung der Fahrgeschwindigkeit von Kraftfahrzeugen.**

1. Beschränkung im Rahmen der Vorschriften des allgemeinen Fuhrwerksverkehrs unter Wahrung der Geschwindigkeiten bis 30 km (§§ 18 und 30 KFV. — s. H. II.) durch die Ortspolizeibehörde.

2. Beschränkung zu 1, jedoch mit Festsetzung einer Höchstgeschwindigkeit unter 30 km für Kraftfahrzeuge bis 5,5 t, durch Ortspolizeibehörde, aber nur mit Zustimmung der höheren Verwaltungsbehörde bzw. der obersten Landesbehörde.

3. Bei Vorliegen der Voraussetzungen zu II. a 3 und 4 kann die Fahrgeschwindigkeit für Kraftfahrzeuge bis 5,5 t allein, also außerhalb des allgemeinen Fuhrwerksverkehrs, durch die höhere Verwaltungsbehörde mit Zustimmung der obersten Landesbehörde auf weniger als 30 km in der Stunde beschränkt werden, wenn nicht Wege erfaßt werden, die dem Durchgangsverkehr dienen.

4. Beschränkung zu 3, jedoch für Wege, die dem Durchgangsverkehr dienen und bei Beschränkung der Fahrgeschwindigkeit überhaupt — also nicht nur auf weniger als 30 km — und für alle Kraftfahrzeuge —

also auch für solche über 5,5 t, die höhere Verwaltungsbehörde mit Zustimmung der obersten Landesbehörde.

5. Für Brücken und Eisenbahnübergänge kann die zuständige Polizeibehörde die notwendigen Geschwindigkeitsbeschränkungen ohne weiteres und in jedem Verhältnis anordnen.

Der § 23 unterscheidet zwischen Wegen, die dem Durchgangsverkehr dienen und anderen Wegen. Er stellt jedoch den Unterschied zwischen beiden Arten nicht fest. Das OLG. Braunschweig sagt in seiner Entscheidung vom 16. 4. 25 2 L 11/25: Durchgangsverkehr ist derjenige, welcher über den Bezirk des engeren Kommunalverbandes oder benachbarter Ortschaften hinausreicht.

Wegeverbote und Verkehrsbeschränkungen im Sinne des § 23 KFV. (G II) sind, wenn sich das Gebot oder Verbot an die Allgemeinheit richtet, als Polizeiverordnungen, wenn an eine bestimmte Person oder an einen Personenkreis, als Polizeiverfügung zu erlassen.

Über Warnungstafeln siehe Abschnitt M. III.

H. Die Fahrgeschwindigkeit.

I. Das Fahren allgemein.

Die Fahrgeschwindigkeit ist so einzurichten, daß der Führer in der Lage bleibt, seinen Verpflichtungen Genüge zu leisten (§ 18 Abs. 1 KFV.).

Seinen Verpflichtungen Genüge leisten heißt, die Gewalt über das Fahrzeug so ausüben, daß Gefährdungen von Menschen und Sachen aller Voraussicht nach und unter Berücksichtigung auch unvernünftigen Verhaltens des Publikums ausgeschlossen sind (RG. vom 12. 5. 25 I D 198/25).

Merkt der Führer, daß ein Tier vor dem Kraftfahrzeug scheut, so muß er langsam fahren und gegebenenfalls halten und den Motor abstellen. (§ 20 KFV.)

Ohne weiteres braucht der Führer also nicht vor jedem Pferdegespann die Geschwindigkeit vermindern, doch wird es Pflicht, sobald er die Beobachtung macht, daß Tiere beim Anlassen des Motors scheuen oder bereits vor einem anderen Kraftfahrzeug gescheut haben.

Zum Langsamfahren oder Halten ist der Führer auch dann verpflichtet, wenn durch das rasche Fahren Menschen oder Tiere in Gefahr gebracht werden (§ 20 KFV.).

Grober Unfug (360 11 StGB.) liegt vor, wenn bei schlechtem Zustand einer durch Regen aufgeweichten Straße Straßenbenutzer infolge schnellen Fahrens beschmutzt werden (ObLG. vom 26. 1. 26).

Dem Führer ist weiter die Verpflichtung auferlegt, bei unübersichtlicher Fahrbahn, bei schlechter Beschaffenheit des Weges und bei lebhaftem Verkehr so langsam zu fahren, daß das Fahrzeug auf kürzeste Entfernung zum Halten gebracht werden kann (§ 18 Abs. 2 KFV.).

Die Übersicht über die Fahrbahn kann auf verschiedene Art behindert werden, z. B. durch haltende oder fahrende Fahrzeuge, an Straßenkrümmungen, an und auf Brücken, durch Nebel u. a. m.

Ein Kraftfahrer, der ein ihm die Übersicht hinderndes Fahrzeug überholen will, muß damit rechnen, daß vor dem zu überholenden Fahrzeug Fußgänger den Fahrdamm überschreiten könnten und deshalb die Geschwindigkeit mäßigen (RG. vom 12. 5. 25 I D 198/25).

Bei behindertem Überblick über den Fahrdamm muß der

Kraftfahrzeugführer ganz langsam fahren, weil er in Betracht zu ziehen hat, daß nicht nur auf der vor ihm liegenden Fahrstraße, sondern auch in dem jederzeit möglichen Überschreiten des Fahrweges durch Fußgänger Gefahrquellen liegen (RG. vom 28. 5. 24, Jur. Wochensch. v. 1925, 973).

Auch hat der Kraftfahrzeugführer an Straßenkreuzungen mit den von rechts und links drohenden Gefahren zu rechnen, auch wenn er das Vorfahrtrecht hat (RG. vom 12. 5. 25 I D 111/25).

Lebhafter Verkehr muß zur Zeit des Befahrens herrschen. Die Geschwindigkeit, die einzuhalten ist, um das Kraftfahrzeug auf kürzeste Entfernung zum Halten zu bringen, wird sich nach der Beschaffenheit der Bremsen (alte Bremsvorrichtung, Vierradbremse), Glatteis, Schlüpfrigkeit richten. Bei Anzeigen ist deshalb hierauf zu achten.

Das RG. sieht in der Entscheidung vom 12. 5. 25 I D 198/25 einen Bremsweg von 2–3 m als kürzeste Entfernung an.

II. Höchstgeschwindigkeiten.

Fahrzeugart	Stundenhöchstgeschwindigkeit innerhalb geschlossener Ortsteile km	Stundenhöchstgeschwindigkeit außerhalb geschlossener Ortsteile km	§ der KFV.	Bemerkungen
1. Kraftfahrzeuge bis 5,5 t Gesamtgewicht mit elast. Bereifung	30	keine Beschränkung		Zu 1. Die höhere Verwaltungsbehörde kann Geschwindigkeiten bis zu 40 km zulassen.
2. desgl. über 5,5 t				
a) bei Luft- oder hochelastisch. Vollgummibereifung	30	30		
b) bei anderer Vollgummibereifung	25	25	18 Abs. 3	

Fahrzeugart	Stundenhöchstgeschwindigkeit innerhalb geschlossener Ortsteile km	Stundenhöchstgeschwindigkeit außerhalb geschlossener Ortsteile km	§ der KFV.	Bemerkungen
3. Kraftfahrzeuge zu 1 u. 2 mit Anhängern	16	zu 1 unbeschränkt zu 2a 30 km zu 2b 25 km		
4. Kraftfahrzeuge mit nichtelastischer Bereifung				Die Zulassung nichtelastischer Bereifung ist von der höheren Verw.-Beh. für ihren Verw.-Bezirk zu genehmigen.
a) Bis 5,5 t Gesamtgew.	12	15		
b) desgl. über 5,5 t	8	12	30 Abs. 2	
c) Lastkraftfahrzeuge zu 4 a u. b mit Anhänger mit Gummibereifung	zu 4 a 12 zu 4 b 8	15 12		Die zulässige Geschwindigkeit kann auch niedriger sein als angegeben. Der Verk.-Bereich u. Verk.-Weg sind auf S. 4 der Zul.-Besch. vermerkt. Bereifung s. B. II, Ziffer 1, Anhänger K.
d) desgl. mit nichtelastisch. ereifung	8	12	30 Abs. 5	

Über den Begriff „geschlossener Ortsteil" sind starke Meinungsverschiedenheiten entstanden. Mehrere Obergerichte haben sich darüber in Entscheidungen geäußert, z. B.:

OLG. Hamburg vom 17. 2. 25, R III 14/25: Wichtig ist das Heraustreten des Ortsteiles aus der Gegend und der Umstand, daß in ihm die Übersichtlichkeit mangelt und stärkerer Verkehr zu erwarten ist, als auf der offenen Landstraße.

OLG. Dresden vom 13. 3. 25, 2 St. 17/25: Der Begriff erfordert einen aus mehreren Gebäuden oder Gehöften bestehenden Teil eines Ortes, der mit anderen Orten oder Ortsteilen zusammenhängen **kann**, in sich aber geschlossen ist und sich in unverkennbarer Weise gegen die freie Feldmark abhebt.

OLG. Düsseldorf vom 22. 5. 25 S. 326/25: Geschlossener Ortsteil ist ein Teil der Ortschaft, der sich von der Feldmark deutlich abhebt und den Eindruck der Zusammengehörigkeit hervorruft.

Mit diesen Entscheidungen wird der Polizeibeamte, da sie bestimmt Umrissenes nicht geben, wenig anzufangen wissen.

Im allgemeinen wird ausschlaggebend sein, ob Beleuchtungsanlagen und Bürgersteige vorhanden sind und dadurch der Eindruck der Zusammengehörigkeit gegeben ist, oder ob die Häuser so nahe an der Straße liegen, daß die Möglichkeit des Auftretens eines Hindernisses so plötzlich sein kann, daß der Fahrer nicht mehr in der Lage wäre, auf kürzeste Entfernung zu halten. Schon von diesem rein sicherheitspolizeilichen Standpunkte aus muß für ländliche Ortschaften, durch die die Landstraße geht oder hart daran vorbeiführt, der Begriff „geschlossener Ortsteil" im Sinne des § 18 Abs. 3 als zutreffend anerkannt und dementsprechend die gesetzliche Höchstgeschwindigkeit eingehalten werden.

III. Geschwindigkeitsfeststellung.

Folgende Arten der Geschwindigkeitsermittelung geben bei sachgemäßer Anwendung ein verhältnismäßig sicheres Ergebnis:

1. **Feststellung mit Kontrollfahrzeug.**

a) Ein mit einem einwandfrei arbeitenden, regelmäßig auf richtiges Anzeigen nachgeprüften Geschwindigkeitsmesser versehenes Fahrzeug folgt dem zu prüfenden Kraftfahrzeug mit einer Geschwindigkeit von 30 Stundenkilometern. Vergrößert sich der Abstand, so ist das zu prüfende Fahrzeug rascher, also über 30 km in der Stunde, gefahren. Dem Fahrzeug muß zur Erlangung eines einwandfreien Ergebnisses mindestens 300 m gefolgt werden.

b) Das Kontrollfahrzeug fährt in einem geschlossenen Ortsteil mit 30 km Stundengeschwindigkeit. Wird es von einem anderen Kraftfahrzeug überholt, so hat das überholende die zulässige Höchstgeschwindigkeit von 30 km überschritten.

2. Feststellung durch Abstoppen.

Voraussetzung für ein einwandfreies Stoppen sind auf fehlerloses Anzeigen nachgeprüfte Stoppuhren und die genaue Festlegung der Stoppstrecke. Die Stoppstrecke soll nicht unter 200 und möglichst nicht über 300 m lang sein. Als praktisch hat sich herausgestellt, zu der Stoppstrecke von 200 bzw. 300 m 10% der Wegestrecke zuzuschlagen, so daß also statt 200 bzw. 300 m, die in Berechnung gesetzt werden, 220 bzw. 330 m zu durchfahren sind. Dieses Verfahren bedeutet einen Vorteil für den Fahrer und macht das Ergebnis angriffsfester.

a) **Das Stoppen durch zwei Beamte.** Vor Beginn des Stoppens hat ein Stoppuhrenvergleich stattzufinden. Zweckmäßig nimmt ein Beamter beide Uhren und bringt sie von der Nullstellung aus mit gleichzeitigem Druck in Gang. Die Prüfungszeit soll mindestens 30 Sekunden betragen. Nach dieser Gangzeit werden die Uhren gleichzeitig gesperrt. Sind in den Zeiten größere Unterschiede, z. B. über eine Sekunde, so ist das Stoppen mit diesen Uhren, da ein einwandfreies Ergebnis nicht erzielt werden kann, zu unterlassen. Hat sich ein einwandfreies gleichmäßiges Anzeigen ergeben, so begeben sich die Beamten auf ihre Plätze an den Enden der abgemessenen Stoppstrecke und zwar der Beamte A auf Punkt a und der Beamte B auf Punkt b, Abb. 40.

Sobald ein Kraftfahrzeug mit der Hinterachse die Linie aa^1 überfährt, gibt der Beamte A seinem Kameraden B ein Zeichen (Arm rasch herunterreißen, rasches Herabtreten vom Bürgersteig auf den Fahrdamm, bei Dunkelheit Lichtzeichen) und bringt gleichzeitig, wie auch der Beamte B, auf das Zeichen hin, die Stoppuhr in Gang. Beide Uhren beginnen von der Nullstellung aus zu laufen. Der Beamte A vergewissert sich über die Kennzeichnung des Fahrzeuges. Ist das hintere Kennzeichen nicht in Ordnung, so gibt er seinem Kameraden B ein Zeichen zum Anhalten.

Überfährt das Fahrzeug nunmehr die Linie bb^1, so gibt der Beamte B dem A ein entsprechendes Zeichen und bringt gleichzeitig, wie auch A, auf das Zeichen hin, die Uhr zum Stehen. Auch B vergewissert sich über die Kennzeichnung und beide machen sich Aufzeichnungen über die Kennzeichnung und Fahrzeit des Fahrzeuges.

In gleicher Weise ist zu verfahren, wenn ein Kraftfahrzeug zuerst die Linie bb¹ überfährt, nur daß der Beamte B zuerst das Zeichen gibt.

Ist das Stoppgeschäft beendet, so werden die Kennzeichen und Uhrzeiten verglichen. Unstimmigkeiten in der aufgenommenen Kennzeichnung oder größere Unterschiede in den Laufzeiten der Fahrzeuge (über eine Sekunde) machen das Stoppergebnis über das Fahrzeug unbrauchbar.

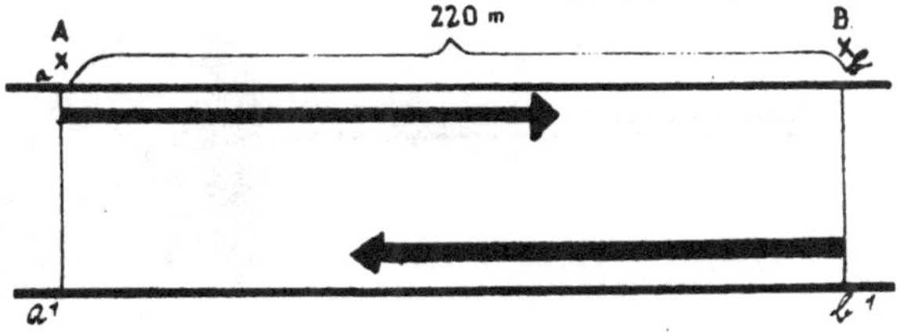

Abb. 40.

b) **Das Stoppen durch einen Beamten.** Diese Art des Stoppens ist nur einwandfrei, wenn an einem Ende der Stoppstrecke eine Kurve liegt und die Straße hinter Gebüsch oder Häusern heraustritt. Eine gerade Strecke bringt kein angriffssicheres Ergebnis. Das Stoppen auf diese Art ist an aus beiden Richtungen kommenden Fahrzeugen möglich.

aa) Ingangbringen der Stoppuhr, wenn das Fahrzeug mit seiner Hinterachse die Linie AC überfährt und Sperren des Uhrwerkes, wenn die Rückseite des Fahrzeuges hinter Punkt D¹ verschwindet.

bb) Ingangbringen der Stoppuhr, wenn das Fahrzeug am Punkt D² erscheint und Sperren des Uhrwerkes, wenn das

Kraftfahrzeug mit seiner Rückseite die Linie AC überfahren hat, Abb. 41.

Der Polizeibehörde kann bei Anwendung beider Verfahren nicht der Vorwurf der Engherzigkeit gemacht werden, da im Falle a das Kraftfahrzeug eine um 10% längere Strecke durchfährt, als in Rechnung gesetzt wird, und im Falle b außer der Strecke AB, die in Berechnung gesetzt wird, noch die Strecke BD¹ bzw. D² durchfährt.

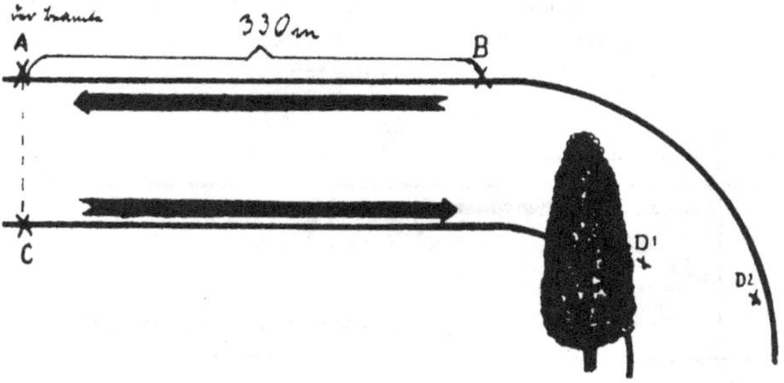

Abb. 41.

Die Anwendung der Art der Feststellung der Höchstgeschwindigkeit bestimmt die vorgesetzte Behörde. In Preußen ist durch Ministerialerlaß vom 29. 6. 25 das Stoppen durch zwei Beamte angeordnet.

IV. Beispiel für die Errechnung der Geschwindigkeit.

Ein Kraftwagen durchfuhr die festgelegte Strecke von 220 m – in der Berechnung werden nur 200 m angesetzt – in 20 Sekunden. Daraus ergibt sich nach folgender Formel eine Stundengeschwindigkeit von 36 km.

$$\frac{3600\ (\text{Stundensekunden}) \times 200\ (\text{Strecke})}{20\ (\text{Fahrzeit des Kraftfahrzeuges})} \quad 36\ \text{km}$$

V. Geschwindigkeitstabelle.

Fahrz. Sek.	bei Stoppstrecke von 200 m	bei Stoppstrecke von 300 m	Fahrz. Sek.	bei Stoppstrecke von 200 m	bei Stoppstrecke von 300 m	Fahrz. Sek.	bei Stoppstrecke von 300 m
5	144	216	16	45	67	27	40
6	120	180	17	42	63	28	38
7	103	154	18	40	60	29	37
8	90	135	19	37,8	56	30	36
9	80	120	20	36	54	31	34,8
10	72	108	21	34	51	32	33,7
11	65	98	22	32,7	49	33	32,7
12	60	90	23	30,8	47	34	31,7
13	55	83	24	30	45	35	30,8
14	51	77	25	28,8	43	36	30
15	48	72	26	—	41	—	—

J. Die Fahrordnung.

I. Das haltende Fahrzeug.

1. Das zum Stillstand gelangende Kraftfahrzeug ist so aufzustellen, daß es den Verkehr nicht behindert (§ 21g Abs. 1 KFV.).

Das Stehenlassen von Fahrzeugen in engen Straßen (vor Cafés, Geschäften usw.) oder auf Straßen überhaupt in Zeiten starken Verkehrs ist verboten. Wird also mit dem Kraftfahrzeug nach der Be- oder Entladung nicht sofort weitergefahren, so darf das Verweilen nur erfolgen, wenn dadurch der Verkehr nicht behindert wird. Eine Störung des Verkehres ist zum Tatbestand des Abs. 1 des § 21g nicht notwendig. Es genügt bereits, daß die Flüssigkeit des Verkehrs, d. h. die Übersicht über den Fahrdamm, das Vorfahren oder Ausweichen gehemmt wird.

2. Die Aufstellung an engen Stellen, Wegekreuzungen und scharfen Wegekrümmungen, sowie an Haltestellen der Straßenbahnen und der Kraftomnibusse ist verboten (§ 21g Abs. 1 KFV.).

Enge Stellen sind z. B. da, wo Bauzäune einen Teil des Bürgersteiges einnehmen und dadurch das Publikum gezwungen ist, den Fahrdamm zu benutzen.

3. Der Führer darf nicht absteigen, solange das Fahrzeug in Bewegung ist (§ 21g Abs. 2 KFV.).

Diese Bestimmung schließt sinngemäß ein, daß das Kraftfahrzeug stets vom Führersitz aus in Bewegung gesetzt werden muß und daß also der Führer nicht außerhalb des Fahrzeuges dasselbe mittels Motor in Bewegung setzen darf. Ein Schieben des Fahrzeuges und das Bedienen der Lenkvorrichtung von außen ist nicht verboten.

4. Der Führer darf sich vom Fahrzeug nicht entfernen, solange die Maschine oder der Motor läuft (§ 21g Abs. 2 KFV.).

5. Vor dem Entfernen sind Vorkehrungen zu treffen, um Unfälle und Verkehrsstörungen zu vermeiden (Anziehen der Bremse, bei Dunkelheit Beleuchtung), auch ist die Vorrichtung zur Verhinderung der Inbetriebnahme in Wirksamkeit zu setzen, siehe B. II. Ziffer 6 (§ 21g Abs. 2 KFV.).

Läuft der Motor, so darf sich der Führer auch dann nicht entfernen, wenn eine mit einem Führerschein nicht versehene Person beim Fahrzeug bleibt. Daß diese Person sachkundig ist, genügt nicht (ObLG. vom 26. 1. 26). Die Beleuchtung des stehenden Fahrzeuges ist notwendig (KG. v. 10. 3. 26).

II. Das in Bewegung befindliche Fahrzeug.

1. Der Führer hat mit seinem Kraftfahrzeug, soweit nicht besondere Umstände entgegenstehen, **die rechte Seite des Weges** einzuhalten.

Langsam fahrende Kraftfahrzeuge haben innerhalb geschlossener Ortsteile möglichst die äußerste rechte Seite einzuhalten.

Für die langsam fahrenden Fahrzeuge bedeutet der 2. Satz eine wesentliche Verschärfung der Rechtsfahrvorschrift. Sie erfolgte aus Gründen der Flüssighaltung des Verkehres.

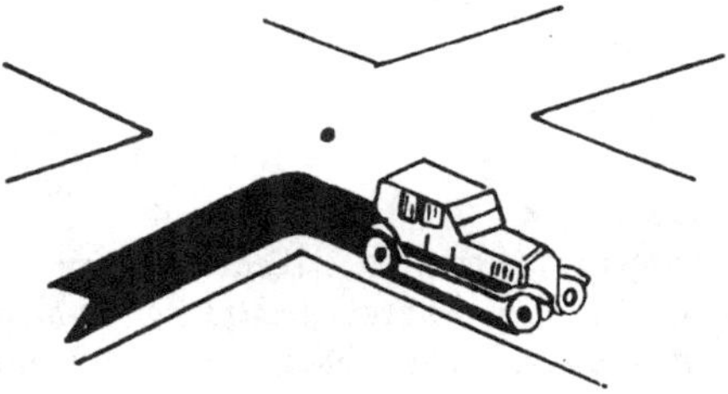

Abb. 42.

Beim Durchfahren von scharfen oder unübersichtlichen Wegekrümmungen ist stets die rechte Seite einzuhalten.

Die linke Straßenseite darf nur beim Überholen oder — wenn dies nicht durch Polizei-Verordnung verboten ist — beim Anhalten an links liegenden Grundstücken benutzt werden (§ 21 Abs. 1 KFV.).

2. **Einbiegen** nach rechts in kurzer Wendung, nach links in weitem Bogen (§ 21 Abs. 2 KFV.). Abb. 42 und 43.

Abb. 43.

3. **Ausweichen.**

a) Entgegenkommenden Wegebenutzern (s. A. I. Ziffer 4) hat der Führer **rechtzeitig** und **genügend nach rechts** auszuweichen oder, wenn dies nicht möglich ist, zu halten, bis der Weg frei ist (§ 21a Abs. 1 KFV.).

Der Führer muß einem entgegenkommenden, auf der richtigen Straßenseite befindlichen Fahrzeug so frühzeitig ausweichen, daß dieses auf eine größere Strecke hin freie Fahrt hat. Er darf nicht so lange warten, als er das Ausweichen wegen seiner Geschicklichkeit in dieser Betätigung äußersten Falles noch für möglich hält (RG. vom 8. 2. 26).

Auf den Dorfstraßen usw. umherlaufendes Vieh (ohne Hirten oder Treiber) und umherlaufende Hunde fallen nicht unter den Begriff Wegebenutzer.

Ausweichen nach links ist strafbar, auch wenn ein Unfall dadurch nicht verursacht wurde (OLG. Karlsruhe v. 20. 5. 13, Rechtspraxis 1913, S. 141).

Das Reichsgericht sagt aber im Urteil vom 29. 9. 25 I D. 436/25, daß im Einzelfalle sehr wohl besondere Umstände vorliegen können, die dem Kraftfahrzeugführer ein Abgehen von der Vorschrift, rechts auszuweichen, nicht nur erlauben, sondern sogar gebieten. Es muß sich dann um die Abwendung einer drohenden Gefahr handeln.

Ist das Ausweichen unmöglich, so muß er umkehren oder rückwärts fahren (§ 21a Abs. 2 KFV.).

b) Entgegenkommenden **Schienenfahrzeugen** ist **links** auszuweichen, wenn der Abstand zwischen Schienenfahrzeug und rechtem Wegerand ein Rechtsausweichen nicht zuläßt (§ 21a Abs. 1 KFV.).

4. **Überholen.**

a) Eingeholte Wegebenutzer (s. A I Ziffer 4) sind **links zu überholen.** Dem schnelleren Wegebenutzer ist, wenn er die Absicht zum Überholen äußert, dies durch sofortiges Rechtshalten zu ermöglichen (§ 21b Abs. 1 KFV.).

Überholen bezieht sich, im Gegensatz zum Ausweichen, auf sich bewegende und stehende Wegebenutzer (RG. v. 22. 9. 10, Rechtspflege 7, 70).

Ein eingeholter Wegebenutzer hat die Pflicht, sich überholen zu lassen. Benutzt er also die linke Straßenseite, um ein Überholen nicht zu ermöglichen, ohne daß dafür ausreichende Gründe (z. B., weil er dort anhalten will) vorliegen, so macht er sich nach § 21 KFV. strafbar, weil er die rechte Seite des Weges nicht einhält.

Hat sich der Kraftfahrzeugführer die zweifelsfreie Überzeugung verschafft — wiederholtes Hupen, auch Anwendung der Kompressionspfeife —, daß der eingeholte Wegebenutzer die linke Seite nicht freigeben will und daß er auf der rechten Seite des vor ihm liegenden Wegebenutzers ungehindert vorbeifahren kann, so darf er, unter Beachtung besonders hoher Vorsicht, rechts überholen (RG. v. 20. 5. 24 I D 4/24).

b) **Schienenfahrzeuge** sind **rechts** zu **überholen,** es sei denn, daß der Abstand zwischen Schienenfahrzeug und rechtem Wegerand dies nicht zuläßt (§ 21b Abs. 1 KFV.).

c) An Haltestellen haltende Schienenfahrzeuge dürfen auf der Ein- und Aussteigeseite nur in Schrittgeschwindigkeit und nur in einem solchen seitlichen Abstande überholt werden, daß die Fahrgäste dadurch nicht gefährdet werden (§ 21b Abs. 2 KFV.).

d) Nach dem Überholen darf die rechte Straßenseite erst wieder befahren werden, wenn der überholte Wegebenutzer dadurch nicht gefährdet wird (§ 21b Abs. 3 KFV.). Das sogenannte Abschneiden ist also verboten.

e) An **unübersichtlichen Wegestellen** und da, wo die Fahrbahn durch Wegebenutzer oder auf sonstige Weise verengt ist, ist das **Überholen verboten** (§ 21b Abs. 4 KFV.).

Der Kraftfahrer darf nicht vorfahren, wenn die linke Straßenseite nicht genügend frei oder übersichtlich ist (RG. Urt. v. 27. 10. 25 – I D 393/25).

An Straßenkreuzungen darf nicht überholt werden, wenn die freie Übersicht beeinträchtigt ist (KG.).

Wenn 2 Hindernisse in gleicher Höhe der Fahrbahn liegen, ist das Überholen verboten (RG. v. 11. 1. 25 – III D 552/25).

5. **Vorfahrt.**

a) An Kreuzungen und Einmündungen von Wegen hat das auf dem **Hauptverkehrswege** kommende

Kraftfahrzeug die Vorfahrt gegenüber dem aus einem Seitenwege kommenden (§ 21c KFV.).

Hierdurch soll natürlich nicht gesagt sein, daß der Hauptverkehrsweg stets die breitere oder übersichtlichere Straße sein

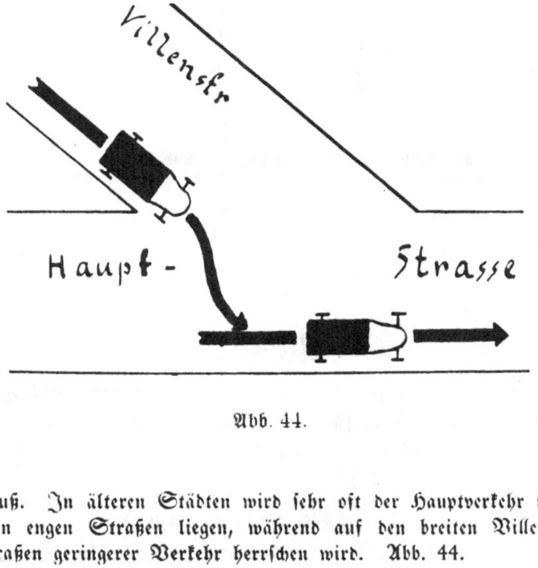

Abb. 44.

muß. In älteren Städten wird sehr oft der Hauptverkehr in den engen Straßen liegen, während auf den breiten Villenstraßen geringerer Verkehr herrschen wird. Abb. 44.

b) **Im übrigen** hat das von rechts kommende Fahrzeug die Vorfahrt (§ 21c KFV.). Abb. 45.

c) Ordnet ein Polizeibeamter im Einzelfalle a und b Entgegenstehendes an, so ist dem nachzukommen (§ 21c KFV.).

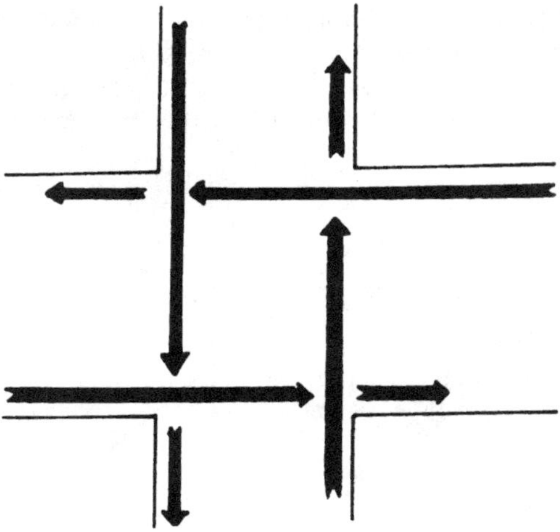

Abb. 45.

K. Anhänger.

Unter Anhänger ist nicht nur der typische Anhängewagen für Kraftfahrzeuge zu verstehen, sondern schlechthin jeder angehängte Wagen (KG. vom 3. 3. 25 I S. 85/25).

I. Anhänger bei Kraftwagen.

Nach § 27 KFV. fallen geschleppte Kraftfahrzeuge nicht unter die folgenden Bestimmungen für Anhänger. Jedes geschleppte Kraftfahrzeug muß mit einem Begleiter, der die Bremse und Lenkvorrichtung bedient, besetzt sein, und es muß bei Dunkelheit oder starkem Nebel an der Rückseite eine Laterne mit weißem oder gelbrotem Lichte führen.

Nach § 25 Abs. 1 darf ein zugelassener Kraftwagen **einen** Anhängewagen, der den folgenden Bedingungen entspricht, ohne besondere Erlaubnis mitführen.

1. Das Gewicht des Anhängewagens darf einschließlich Ladung 7,5 t nicht überschreiten (§ 25 Abs. 1 Ziffer 1 KFV.).

2. Elastische Bereifung ohne Unebenheiten muß vorhanden sein. Bei Anhängewagen, die im beladenen oder unbeladenen Zustande über 2,5 t Gewicht haben, muß bei Vollgummibereifung diese einschl. Stahlband mindestens 5 cm stark sein (§ 25 Abs. 1 Ziffer 2 KFV.).

3. Die Verbindung zwischen Kraftfahrzeug und Anhänger muß so beschaffen sein, daß der Anhängewagen sich möglichst auf den Spuren des Kraftfahrzeuges bewegt (§ 25 Abs. 1 Ziffer 4 KFV.).

4. Der Anhängewagen muß, von außen sichtbar, ein Schild haben, aus dem in leicht lesbarer Schrift eine Unterscheidungsnummer, das Eigengewicht, die zulässige Nutzlast, sowie Felgendruck zu ersehen sind (§ 25 Abs. 1 Ziffer 5).

5. Ausrüstung mit sicher wirkender Bremse und zuverlässiger Bergstütze (§ 25 Abs. 1 Ziffer 3). Kann die Bremse nicht vom Führersitze des Kraftwagens aus bedient werden, so muß auf dem Anhängewagen ein Bremser mitfahren. Für Fahrer und Bremser muß Verständigungsmöglichkeit gegeben sein (§ 25 Abs. 2 KFV.).

Die höhere Verwaltungsbehörde kann für ihren Bezirk von der Anbringung der Bremse und Bergstütze befreien (§ 25 Abs. 3). Das Mitführen von mehreren vorschriftsmäßigen Anhängewagen oder von Anhängeachsen oder von **einem** Anhängewagen, der den obigen Bestimmungen nicht entspricht **(unvorschriftsmäßiger Anhänger),** ist von der Erlaubnis der Polizeibehörde (Landrat, Polizeipräsident, Stadtvorstand des Stadtkreises) abhängig. Diese Erlaubnis gilt nur für den Bezirk der genehmigenden Polizeibehörde. Die Bescheinigung ist bei der Fahrt mitzuführen und auf Verlangen dem zuständigen Beamten vorzuzeigen (§ 25 Abs. 4 KFV.).

Das Mitführen von Anhängeachsen zur Personenbeförderung kann von der höheren Verwaltungsbehörde für ihren Bezirk genehmigt werden. Eintragung darüber in die Zulassungsbescheinigung des Kraftwagens (§ 25 Abs. 4 KFV.).

Bei Mitführen von Anhängewagen oder -Achsen muß außer dem vorderen Kennzeichen am Kraftwagen an der Rückseite des letzten Fahrzeuges das Kennzeichen des Kraftwagens angebracht sein, das bei Dunkelheit oder bei starkem Nebel zu beleuchten ist. Das Kennzeichen kann aber auch an beiden Seiten des Kraftfahrzeuges angebracht sein. Dann ist eine Beleuchtung desselben nicht nötig, aber auf der Rückseite des letzten Fahrzeuges muß eine Schlußlaterne mit weißem oder gelbrotem Lichte vorhanden sein (§ 25 Abs. 5 KFV.).

II. Anhänger usw. bei Krafträdern.

Ein zugelassenes Kraftrad — auch Kleinkraftrad (§ 42 KFV.) — darf Anhänger, Bei- oder Vorsteckwagen mitführen, wenn die Räder mit Gummi oder sonstigem elastischen Stoff — ohne Unebenheiten — versehen sind. Anhänger, Bei- oder Vorsteckwagen müssen mit dem Kraftrad zuverlässig verkuppelt sein (§ 26 KFV.).

Wird der Beiwagen auf der linken Seite des Kraftrades mitgeführt, so muß an ihm eine Laterne vorhanden sein (§ 4 Abs. 2 KFV.).

L. Kleinkrafträder.

Die Bestimmungen über Kleinkrafträder sind im zweiten Teil der KFV. behandelt. Begriff siehe Abschnitt A II Ziffer 3. Die Bestimmungen für Kraftfahrzeuge gelten nach § 42 Satz 1 KFV. sinngemäß, und zwar:

1. Die Vorschriften für Fuhrwerke und Fahrräder über den Verkehr auf öffentlichen Wegen (§ 2 Abs. 1 KFV.).
2. Die Vorschriften für Kraftfahrzeuge, welche im öffentlichen Fuhrgewerbe verwendet werden (§ 2 Abs. 2 KFV.).
3. Die Vorschriften über Beschaffenheit, Ausrüstung und Ladung (Abschnitt B).
4. Desgl. über Kennzeichen (Abschnitt D).
5. Desgl. über die Benutzung öffentlicher Wege (Abschnitt G), Fahrgeschwindigkeit (Abschnitt H) und Fahrordnung (Abschnitt I), Zeichen (Abschnitt M).
6. Desgl. über Bei- oder Vorsteckwagen (Abschnitt K II).
7. Desgl. über das Untersuchungsrecht durch die Polizei (Abschnitt N I).

Im besonderen gelten noch die folgenden Vorschriften.

1. **Jedes Kleinkraftrad muß mit einem Schilde mit folgenden Angaben versehen sein** (§ 42 Abs. 1 KFV.):
   a) Firma, die die Antriebsmaschine hergestellt hat;
   b) Fabriknummer des Motors;
   c) Anzahl der PS;
   d) Steuernutzleistung.
2. **Vor Inbetriebnahme muß das Kleinkraftrad durch die zuständige höhere Verwaltungsbehörde** (s. Abschnitt D I) **ein Kennzeichen zugeteilt bekommen haben.**

Über die erfolgte Zuteilung wird dem Eigentümer eine Bescheinigung ausgestellt, die bei Benutzung des Fahrzeuges auf öffentlichen Wegen mitzuführen und dem zuständigen Beamten auf Verlangen vorzuzeigen ist (§ 42 Abs. 4 KFV.), Abb. 16, 19 und 20.

Zum Führen eines Kleinkraftrades ist eine Erlaubnis nicht notwendig, jedoch ist für Personen unter 16 Jahren die Genehmigung der höheren Verwaltungsbehörde erforderlich. Die Bescheinigung darüber ist bei Fahrten mitzuführen (§ 42 Abs. 4 KFV.).

Hat sich auf Grund von Tatsachen herausgestellt, daß eine Person zum Führen eines Kleinkraftrades ungeeignet ist, so kann die höhere Verwaltungsbehörde die Führung dauernd oder zeitweise untersagen. Die Untersagung ist der Sammelstelle Berlin mitzuteilen und gilt für das ganze Reich (§ 42 Ziff. 4 KFV.).

Über Probefahrtkennzeichen siehe Abschnitt C II Ziff. 5 und D III.

M. Zeichen.

I. Zeichen des Kraftfahrzeugführers.

1. **Warnungszeichen.** Der Führer hat überall da, wo es die Sicherheit des Verkehrs erfordert, durch deutlich hörbare Warnungszeichen auf das Nahen des Kraftfahrzeuges aufmerksam zu machen (§ 19 Abs. 1 KFV.).

a) Die Warnungszeichen sind innerhalb geschlossener Ortsteile — siehe H II — nur mit der Hupe (siehe B II Ziff. 4) kurz abzugeben, und zwar so, daß im Gefahrenbereich befindliche Personen gewarnt, im weiteren Umkreis befindliche Personen nicht belästigt werden (§ 19 Abs. 3 KFV.).

b) Außerhalb geschlossener Ortsteile darf auch eine Pfeife (Kompressionspfeife) benutzt werden (§ 19 Abs. 3 KFV.), wenn durch sie Pfiffe gleicher Tonhöhe in der Weise erzeugt werden, daß unter Druck stehende verbrannte Gase aus dem Zylinder oder der Auspuffleitung entweichen (§ 4 Abs. 7 KFV.).

Die Kompressionspfeife darf innerhalb geschlossener Ortsteile verwendet werden, wenn die Hupe versagt (ObLG. v. 7. 10. 24 Rev. Reg. I 675/24).

Der Wortlaut des § 19 wird häufig so ausgelegt, daß der Kraftfahrer vor dem Durchfahren unübersichtlicher Wegestellen (Straßenkreuzungen, Straßenbiegungen) Warnungszeichen abzugeben habe. Diese Auffassung führt bei dem heutigen starken Verkehr, insbesondere in Großstädten, dazu, daß bei den fortgesetzten Warnungssignalen eine Belästigung des Publikums und eine Abstumpfung gegen diese Warnungszeichen eintritt.

OLG. Celle v. 8. 6. 25 1. U 30/25 und KG. v. 12. 10. 25 3. S. 235/25 führen in ihren Entscheidungen aus: Straßenkreuzungen und sonstige unübersichtliche Wegestellen verpflichten nicht ohne weiteres zur Abgabe eines Warnungssignales, sondern die Sicherheit des Verkehrs muß dies bedingen.

c) Das Abgeben langgezogener Warnungszeichen, die Ähnlichkeit mit Feuersignalen haben, und die Anbringung und Verwendung unvorschriftsmäßiger Signalinstrumente ist verboten (§ 19 Abs. 4 KFV.).

Abb. 46.

d) Das Abgeben von Warnungszeichen ist sofort einzustellen, wenn Pferde oder andere Tiere dadurch unruhig oder scheu werden (§ 19 Abs. 2 KFV.).

e) Kraftfahrzeuge der Wehrmacht, Reichspost, der staatlichen Polizei (§ 36 Abs. 1) und der Feuerwehr im Dienste (§ 38 KFV.) dürfen Warnungszeichen auch mit anderen Signalinstrumenten abgeben. Kraftfahrzeuge der Reichspost brauchen überhaupt keine Hupe zu führen (§ 36 Abs. 2 KFV.).

f) Die Benutzung von Signalinstrumenten zur Abgabe von anderen als Warnungszeichen, insbesondere von Rufzeichen, ist innerhalb geschlossener Ortsteile verboten (§ 19 Abs. 3 KFV.).

2. **Verkehrszeichen des Kraftfahrzeugführers.** Der Führer hat ein beabsichtigtes Halten oder die Absicht des Umwendens und der Änderung der Fahrtrichtung anderen Personen rechtzeitig zu erkennen zu geben.

Abb. 47.

Zeichen hierzu:

Halten — durch senkrechtes Hochhalten des Armes, Abb. 46; **Umwenden** oder **Verlassen** der bisherigen Fahrtrichtung nach rechts (links) — durch wagerechtes Halten des Armes nach rechts (links), Abb. 47.

Diese Zeichengebung kann auch durch mechanische Einrichtung erfolgen (§ 21e KFV.).

II. Zeichen der Polizei zur Verkehrsregelung.

Den Weisungen und Zeichen der Polizeibeamten ist Folge zu leisten.

Insbesondere hat der Führer auf den Haltruf oder das Haltzeichen eines als solchen kenntlichen Polizeibeamten sofort anzuhalten. Zur Kenntlichmachung eines Polizeibeamten ist das Tragen einer Dienstmütze ausreichend.

Den zur Regelung des Verkehrs aufgestellten Polizeibeamten ist auszuweichen (§ 21f Abs. 1 KFV.).

Abb. 48.

1. **Zeichen des Beamten.**

a) „Freie Fahrt" — Winken in der Fahrtrichtung, Abb. 48.

b) „Achtung, Halten!" — Hochheben des Armes, Abb. 49.

c) „Halt!" — Seitliches Ausstrecken eines oder beider Arme, Abb. 50 (§ 21f Abs. 1 KFV.).

Abb. 49.

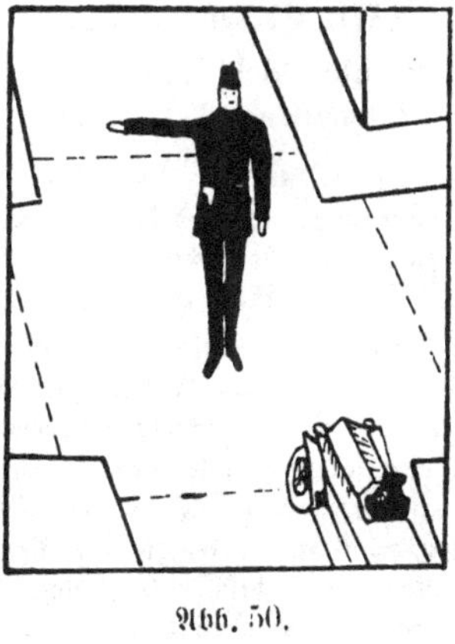

Abb. 50.

Für die Erkennbarkeit des Verkehrsbeamten und Beobachtung seiner Anordnungen wird es von großer Bedeutung sein, daß der Beamte durch seine Haltung und die energische Ausführung der Zeichen wirkt. Er muß sich stets bewußt sein, daß er für die Durchführung der Verkehrsbestimmungen und damit für die reibungslose Abwickelung des Verkehrs verantwortlich ist. Die Zeichengebung darf den Kraftwagenführer nicht im Unklaren lassen, was der Beamte will. Daher muß sie bestimmt und in den einzelnen Bewegungen abgehackt erscheinen.

2. **Lichtzeichen.**

a) „Freie Fahrt!“ — grünes Licht.

b) „Achtung, Halten!“ — gelbes Licht.

c) „Halt!“ — rotes Licht.

d) „Langsam fahren!“ — Blinklicht (§ 21f Abs. 2 KFV.).

III. Verkehrszeichen.

Auf Verbote und Beschränkungen ist durch Warnungstafeln hinzuweisen (§ 23 Abs. 3 KFV.).

Die Übertretung der Verbote und Beschränkungen ist nur strafbar, wenn Warnungstafeln vorhanden (KG. v. 26. 6. 25 1. S. 513/25) und wenn sie rechtzeitig und sicher zu erkennen sind (ObLG. v. 23. 3. 25 Rev. Reg. II 70/25).

Das OLG. Dresden — Entsch. v. 7. 11. 23 — führt im gleichen Sinne aus und begründet: Die Fahrten der Kraftfahrzeuge erstrecken sich oft über verschiedene Verwaltungsbezirke, so daß es dem Gerechtigkeitsgefühle widersprechen würde, wenn man Kraftfahrzeugführer wegen Verstoßes gegen solche polizeiliche Vorschriften belangen wollte, die den Kraftfahrzeugverkehr rein örtlich verbieten oder beschränken, ohne daß sie von den Vorschriften Kenntnis nehmen könnten.

Das Anbringen von Tafeln, die zu Verwechselungen mit solchen von der Polizeibehörde angebrachten Anlaß geben können, ist verboten (§ 23 Abs. 4).

Eine bestimmte Form ist für Warnungstafeln nicht vorgeschrieben, jedoch hat die Reichsregierung mit den Ländern folgende Arten der Kennzeichnung gesperrter Wegestrecken vereinbart, Abb. 51—55.

Abb. 51.

Abb. 52.

Abb. 53.

Abb. 54.

Abb. 55.

Ausführung: 50 × 50 cm, gelber Grund mit schwarzen Zeichen.

Sind Wegestrecken nach Abb. 53 nur für Kraftwagen, nicht aber für Motorräder gesperrt, so ist an Stelle von „Kraftfahrzeugen" „Kraftwagen" zu setzen.

In Abb. 54 ist die Gewichtsangabe nach Lage des Falles einzusetzen.

Bei Abb. 55 ist das obere Drittel schwarz mit hellblauen Schriftzeichen, der untere Teil hellblau mit schwarzen Schriftzeichen.

Dieses Schild ist für geschlossene Ortsteile nicht notwendig, denn eine höhere Geschwindigkeit als 30 km ist nicht erlaubt.

Die neuen vorgeschlagenen Verkehrszeichen, die in Großstädten schon vielfach Verwendung finden: Abb. 56—71.

IV. Zeichen für Hindernisse (International).

(Eine Neuregelung ist im Gange, s. Abb. 56—59.)

Dunkelblaue Tafeln von 60 bis 70 cm Durchmesser, Zeichen in weißer Farbe. Sie sollen etwa 250 Meter vor der gefähr-

Achtung!

Abb. 56.
Querrinne.

Abb. 57.
Kurve.

Abb. 58.
Bahnübergang.

Abb. 59.
Kreuzung.

Abb. 60.
Straßenbahn.

Abb. 61.
Schule oder Krankenhaus.

Halt!

Abb. 62.
für alle Fahrzeuge.

Abb. 63.
für Lastkraftwagen.

Abb. 64.
für Kraftwagen u. Motorräder.

Abb. 65.
für Kraftwagen.

Abb. 66.
für Kraftfahrzeuge zu bestimmten Zeiten.

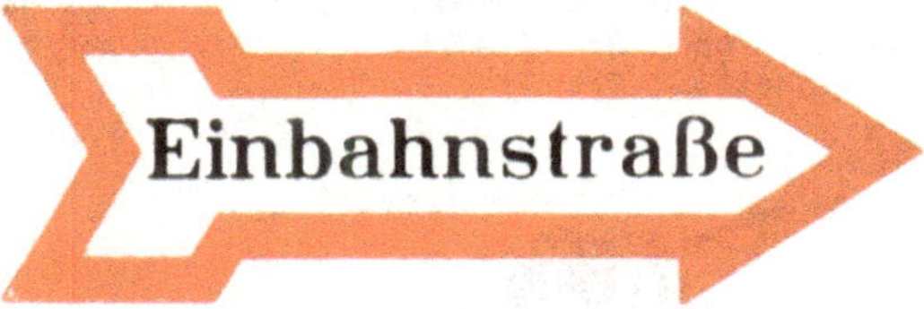

Abb. 67. Fahrtrichtung (rechts bezw. links).

Abb. 68. Parkungsplätze.

Abb. 69. Verbot für Einfahrt.

Abb. 70.
Verkehrsstraße 1. Ordnung.

Abb. 71.
Verkehrsstraße 2. Ordnung.

lichen Stelle im rechten Winkel zur Fahrtrichtung gut sichtbar aufgestellt werden. Abb. 72 – 75.

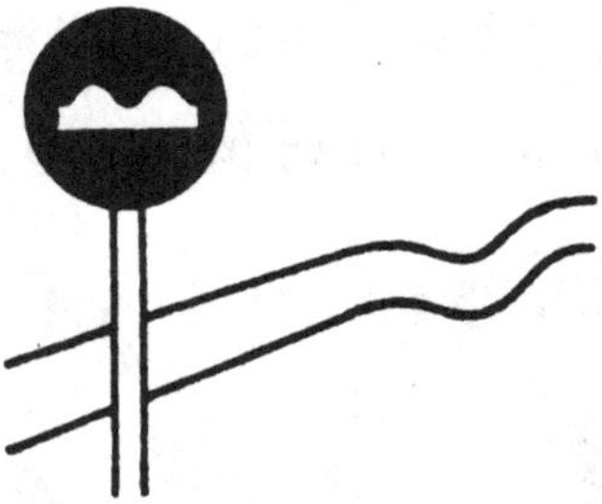

Abb. 72.

Abb. 73.

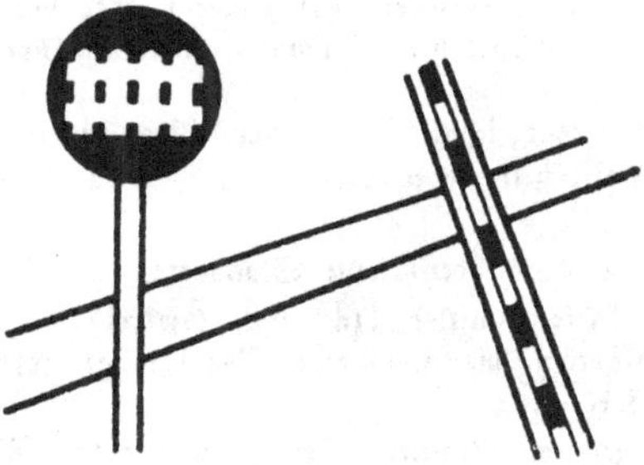

Abb. 74.

Abb. 75.

V. Hoheitsabzeichen und Verkehrskennzeichen für Behörden.

(Nur für Preußen gültig.)

1. **Hoheitsabzeichen.** (Dienstflagge.)

Es hat sich als notwendig herausgestellt, die Dienstkraftwagen der Reichs- und Preuß. Staatsminister mit einem

Hoheitsabzeichen zu versehen, das dauernd oder vorübergehend, besonders bei öffentlichen Veranstaltungen geführt werden kann.

Das Hoheitsabzeichen (Dienstflagge) ist an einem oder beiden vorderen Kotflügeln oder Scheinwerferhaltern befestigt. Es führen:

a) der Reichspräsident seine Standarte,

b) die Reichsminister bzw. Staatssekretäre der Reichsministerien die zuständige Dienstflagge ihrer Reichsbehörde,

c) der Preuß. Ministerpräsident, die Preuß. Minister und Staatssekretäre, sowie Ober- und Regierungspräsidenten für ihre Person die Dienstflagge (weiße Flagge, oben und unten von einem schwarzen Streifen eingefaßt, in der Mitte mit dem preußischen fliegenden Adler, 30 cm lang und 20 cm breit).

Als Dienstflagge kann auch eine Standarte an der linken Seite oder entsprechend bemalte Blechscheibe mit der Fläche in der Fahrtrichtung verwendet werden.

2. **Verkehrskennzeichen.**

Zur Kenntlichmachung der Dienstkraftfahrzeuge, um ihnen bei besonderen Anlässen oder besonders eiligen Fällen ein ungehindertes Vorwärtskommen zu ermöglichen, ist das Verkehrskennzeichen eingeführt. Das Verkehrskennzeichen können führen:

a) der Reichspräsident,

b) der Reichskanzler,

c) die Reichsminister, sowie Staatssekretäre der Reichsbehörden,

d) der Preuß. Ministerpräsident,

e) die Preuß. Staatsminister und Staatssekretäre der preuß. Ministerien,

f) die befugten Beamten des Preuß. Innenministeriums,

g) die Ober- und Regierungspräsidenten,

h) die Beamten der staatlichen Polizei.

aa) Verkehrszeichen für Ober- und Regierungspräsidenten, sowie die Beamten der Polizei (V. 2 Ziff. g + h). Abb. 76.

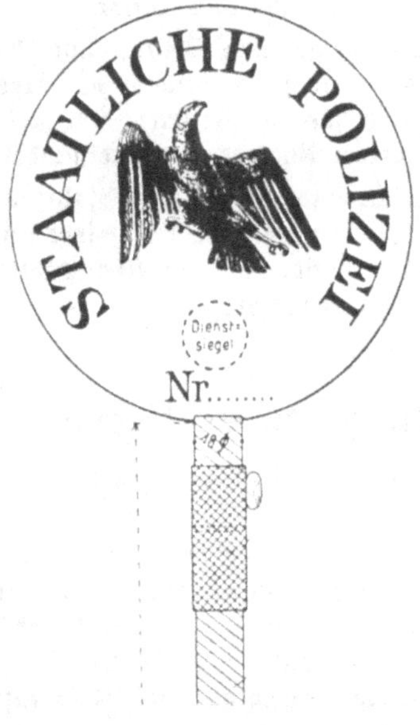

Beschreibung.

Blechscheibe von 160 mm Durchmesser, auf weißem Grunde schwarze fette Antiquaschrift von etwa 20 mm Buchstabenhöhe.

Abb. 76.

bb) Zu V. 2d bis f wie zu aa, jedoch statt der Aufschrift „Staatliche Polizei" „Staatsminister",

cc) Zu V. 2a bis c Scheiben auf gelbem Grunde mit roter Umrankung und schwarzer Aufschrift „Reichsbehörde".

Das Verkehrskennzeichen ist entweder vor der Windschutzscheibe auf der Motorhaube anzubringen oder dem Verkehrsbeamten durch Hochhalten zu zeigen.

Die Verwendung ist nur bei reinen Dienstfahrten gestattet.

VI. Abzeichen für Blinde und Taube.

Um Blinde, Schwerhörige und Taube vor Unglücksfällen im Straßenverkehr zu bewahren, tragen mit derartigem Leiden behaftete Personen eine **gelbe Armbinde mit 3 schwarzen Punkten** (nebeneinander).

Durch dieses Abzeichen sollen die Kraftfahrzeugführer auf besondere Vorsicht und die Polizeibeamten auf Unterstützung dieser Personen beim Überschreiten des Fahrdammes hingewiesen werden.

N. Untersagung des Betriebes.

I. In bezug auf das Kraftfahrzeug.

1. Die Polizeibehörde kann jederzeit auf Kosten des Eigentümers die Untersuchung eines Kraftfahrzeuges auf Kosten des Eigentümers veranlassen, um festzustellen, ob es den Anforderungen, unter denen es zugelassen wurde, noch entspricht (§ 28 Abs. 1 KFV. für Kraftfahrzeuge und § 42 für Kleinkrafträder).

In dieser Bestimmung hat jeder Polizeibeamte ein wirksames Mittel, solche Fahrzeuge, die infolge starker Auspuffgeräusche, Rauchentwicklung, mangelhafter oder zu starker Beleuchtung, mangelhafter Beleuchtung des hinteren Kennzeichens, unvorschriftsmäßiger Kennzeichen usw. den Anforderungen, unter denen sie zugelassen sind, nicht mehr zu entsprechen scheinen, zu melden und dadurch eine Untersuchung nach § 28 Abs. 1 KFV. zu veranlassen.

Muster.

Polizei-Präsidium. Frankfurt a. M., den 18. 2. 1927.
14. Polizei-Revier.
Tb 1276/27.

Meldung.

Der Gastwirt **Johann Huber**, geb. 16. 7. 1890 zu Worms, wohnhaft Birkenfeld, Bergstraße 15, befuhr am 17. 2. 1927, 10 Uhr vorm., mit seinem Kraftrad O III – 2809 die Westendstraße in Richtung Palmengarten. Dabei verursachte sein Fahrzeug besonders starken Lärm. Bei Untersuchung des Motorrades stellte ich fest, daß das **Auspuffrohr** zwischen Motor und Auspufftopf mit 10 **Öffnungen versehen** war. Huber gab an, das Rad sei in diesem Zustande zugelassen worden.

Die Papiere waren in Ordnung. Gegen Huber habe ich wegen vorschriftswidrigen Zustandes des Kraftrades und wegen Verursachung starken Geräusches nach §§ 3 und 17 KFV. in Verbindung mit § 21 des Gesetzes über den Kraftfahrzeugverkehr vom 3. 5. 09, in der Fassung vom 21. 7. 23, Anzeige vorgelegt.

Werner,
Polizei-Oberwachtmeister.

2. Genügt ein Kraftfahrzeug den Anforderungen nicht mehr, so kann seine Ausschließung vom Befahren öffentlicher Wege durch die höhere Verwaltungsbehörde verfügt werden (§ 28 Abs. 2 KFV.).

Benutzung nach Ausschließung ist Vergehen nach § 23 KFG.

II. In bezug auf den Führer.

1. Wird auf Grund von Tatsachen festgestellt, daß eine Person zum Führen von Kraftfahrzeugen ungeeignet ist, so kann ihr die Erlaubnis hierzu von der zuständigen höheren Verwaltungsbehörde dauernd oder zeitlich entzogen werden. Die Entziehung ist für das ganze Reich wirksam (§ 29 Abs. 1 KFV.).

Der Führerschein ist abzuliefern. Die Nichtablieferung trotz Aufforderung ist Vergehen nach § 24 Ziff. 3 KFG.

2. Personen, die nur vorübergehend im Reichsgebiet ein Kraftfahrzeug führen, kann bei Vorliegen der Tatsachen zu II 1 die Führung des Kraftfahrzeuges durch die zuständige höhere Verwaltungsbehörde durch Verfügung jederzeit untersagt werden (§ 29 Abs. 2 KFV.).

III. **Bezüglich der Kleinkrafträder** siehe Abschnitt L.

O. Die Steuerkarte.

I. Die Durchführung des Kraftfahrzeugsteuergesetzes vom 15. 5. 26 ist Sache der Finanzämter. Die Polizei hat aber darüber zu wachen, daß die auf öffentlichen Wegen verkehrenden Kraftfahrzeuge im Besitze einer gültigen Steuerkarte sind. Bei Kontrollen ist darauf zu sehen.

Die Steuerkarte ist bei festzugelassenen Kraftfahrzeugen auf 1 Jahr, 6 oder 2 Monate, bei Kraftfahrzeugen mit Probekennzeichen auf 1 Jahr, 6 oder 2 Monate oder 2 Wochen ausgestellt. Sie ist bei Fahrten stets mitzuführen (§ 12 KFStG. v. 15. 5. 26), desgl. die Bescheinigung bei Steuerbefreiung.

II. Steuersätze.

1. Krafträder:

Steuernutzleistung bis	Steuerkarte für die Dauer von 1 Jahr	6 Mon.	2 Mon.
1 PS	25	15	7
1,5 „	38	23	10
2 „	50	30	13
2,5 „	63	38	16
3 „	75	45	19
3,5 „	88	53	22
4 „	100	60	25
4,5 „	113	68	29
5 „	125	75	32
über 5 PS	je 1/2 PS 10 ℳ u. 25% Zuschlag	60% der Jahressteuer	25% der Jahressteuer

2. Personenkraftwagen:

Steuernutzleistung bis	Steuerkarte für die Dauer von 1 Jahr	6 Mon.	2 Mon.
1 PS	38	23	10
2 „	75	45	19
3 „	113	68	29
4 „	150	90	38
5 „	188	113	47
6 „	225	135	57
7 „	263	158	66
8 „	300	180	75
9 „	338	203	85
10 „	375	225	94
11 „	450	270	113
12 „	525	315	132
13 „	600	360	150
14 „	675	405	169
15 „	750	450	188
für jede weitere PS	100 ℳ	60 ℳ	25 ℳ
	mehr		

3. Kraftomnibusse und Lastkraftwagen mit Ausnahme der unter 4 aufgeführten Kraftfahrzeuge:

Gewicht kg	Steuerkarte für die Dauer von 1 Jahr	6 Mon.	2 Mon.
bis 200	38	23	10
200— 400	75	45	19
400— 600	113	68	29
600— 800	150	90	38
800—1000	188	113	47
1000—1200	225	135	57
1200—1400	263	158	66
1400—1600	300	180	75
1600—1800	338	203	85
1800—2000	375	225	94
2000—2200	400	240	100
2200—2400	425	255	107
2400—2600	450	270	113
2600—2800	475	285	119
2800—3000	500	300	125
3000—3200	525	315	132
3200—3400	550	330	138
3400—3600	575	345	144
3600—3800	600	360	150
3800—4000	625	375	157
über 4000 kg für je 200 kg	25 ℳ	15 ℳ	25% der Jahressteuer
	mehr		

4. Elektrisch oder mit Dampf betriebene Lastkraftwagen, sowie Zugmaschinen ohne Güterladeraum:
die Hälfte der Sätze zu O. II. Ziffer 3.

5. **Probefahrten**

a) für Kraftfahrzeuge jeder Art:

Steuerkarte	für	1 Jahr	375	RM.
"	"	6 Mon.	225	RM.
"	"	2 Mon.	94	RM.
"	"	2 Woch.	29	RM.

b) für Krafträder:

Steuerkarte	für	1 Jahr	75	RM.
"	"	6 Mon.	45	RM.
"	"	2 Mon.	19	RM.
"	"	2 Woch.	16	RM.

Wird der Führer eines Kraftfahrzeuges ohne oder ohne gültige Steuerkarte betroffen, so ist Meldung vorzulegen.

Es sind Bestrebungen im Gange, die Kraftfahrzeugsteuer, welche jetzt auf das Kraftfahrzeug erhoben wird, ohne Rücksicht darauf, ob die Benutzung eine häufige oder seltene ist, in eine Verbrauchssteuer (Gummi, Betriebsstoff) umzuwandeln.

P. Richtlinien für die Kraftfahrzeugkontrolle durch die Polizei.

Man unterscheidet die angesetzte und die gelegentliche Kontrolle:

I. **Die angesetzte Kontrolle** wird man zweckmäßig, um nicht dem Vorwurf ausgesetzt zu sein, daß die Polizei verkehrsstörend wirke, nicht auf Hauptverkehrspunkte und besonders belebte oder enge Straßen legen, sondern, wenn irgendwie möglich, in Außenbezirke. Bei eingehender Kontrolle wird es sich nicht vermeiden lassen, daß mehrere Kraftfahrzeuge an einer Stelle zusammenkommen. Die Polizeibeamten haben deshalb dauernd für scharfes Rechtsheranfahren der Kraftfahrzeuge Sorge zu tragen. Nach Beendigung der Kontrolle eines Fahrzeuges ist die sofortige Weiterfahrt desselben zu veranlassen.

II. **Die gelegentliche Kontrolle** hat durch den Polizeibeamten dann zu erfolgen, wenn ein Verstoß gegen die Verkehrsbestimmungen vorliegt oder vorzuliegen scheint. Auch hierbei ist der größte Wert darauf zu legen, daß der übrige Verkehr durch das Kontrollgeschäft nicht gehemmt wird. Straßenkreuzungen, Straßenmündungen und Straßenbiegungen sind zur Vornahme dieser Verrichtung ungeeignet.

III. **Gang der Kontrolle.**

1. Unzweideutiges, bestimmt gegebenes Zeichen zum Halten — Abschn. M. II Ziff. 1 — oder bei vorbeifahrendem Fahrzeug Zuruf des Beamten.

2. Höflich um Papiere ersuchen.

3. Vergleich der Angaben der Zulassungsbescheinigung (Abschn. C. II) mit den Angaben des Schildes — siehe Abschn. B. II. 7 —, Nachsehen der Motornummer, die mit der in der Zulassungsbescheinigung angegebenen übereinstimmen muß.

4. Kennzeichennachprüfung. Unterscheidungszeichen und Erkennungsnummer auf Zulassungsbescheinigung muß mit den auf dem Kennzeichen des Kraftfahrzeuges befindlichen übereinstimmen. Entspricht das Kennzeichen hinsichtlich Beschaffenheit, Anbringung, Befestigung, Ausführung und Lesbarkeit und Abstempelung den Bestimmungen? — siehe Abschn. D. —

5. Erfolgt die Einschaltung der Beleuchtung der Lampen und der des hinteren Kennzeichens bei gemeinsamer Lichtquelle durch ein und dieselbe Vorrichtung gleichzeitig?

6. Wirken die Scheinwerfer nicht übermäßig stark und ist die Beleuchtung des hinteren Kennzeichens genügend?

7. Nachprüfung des Führerscheins. Vergleich des Lichtbildes mit dem Führer und Klasse des Führerscheines mit den Angaben der Zulassungsbescheinigung — Abschn. F. —.

8. Steuerkarte. Vergleich der Erkennungsnummer der Zulassungsbescheinigung mit der auf der Steuerkarte angegebenen. Ist die Steuerkarte noch gültig? — Abschn. O. —

Gibt die Prüfung zu den Punkten 1 und 3 bis 8 keinen Anlaß zu Beanstandungen, so sind die Papiere mit der Eröffnung, daß die Fahrt fortgesetzt werden kann, dankend zurückzugeben.

Führt der Führer die Zulassungsbescheinigung nicht bei sich, so liegt eine Übertretung vor und es ist Anzeige nach § 15 KFV. zu erstatten. Sind bei fehlender Zulassungsbescheinigung die Kennzeichen nicht abgestempelt, so muß angenommen werden, daß das Fahrzeug überhaupt nicht zugelassen ist. Dann liegt Vergehen nach §§ 23 und 25 KFG. (s. Abschnitt Q) vor. Da nur solche Kraftfahrzeuge auf öffentlichen Wegen verkehren dürfen, die behördlich zugelassen sind, deren Betriebs- und Verkehrssicherheit also erprobt ist, so darf die Fahrt nicht fortgesetzt werden und das Fahrzeug kann, wenn es zur Verhinderung der Fortsetzung der strafbaren Handlung geboten ist, polizeilich sichergestellt werden.

Führt der Führer den Führerschein nicht bei sich, so ist, wenn glaubhaft nachgewiesen werden kann, daß der Führer im Besitze eines solchen ist, Anzeige wegen Übertretung des § 15 KFV. vorzulegen.

Besitzt der Führer dagegen keinen Führerschein oder einen, der nicht für die Klasse des überprüften Fahrzeuges gilt, so liegt Vergehen nach § 24 KFG. vor. Das Fahrzeug kann, wenn nicht ein Führer mit ordnungsmäßigen Papieren zur Verfügung steht oder begründete Gefahr für die Verkehrssicherheit besteht, sichergestellt werden.

Fehlt die Steuerkarte oder die Bescheinigung über Steuerfreiheit, so ist durch den Beamten eine entsprechende Meldung vorzulegen. Sie wird an das für den Wohnort des Besitzers (s. Zulassungsbescheinigung) zuständige Finanzamt weitergeleitet.

Muster.

Polizei-Verwaltung.
4. Polizei-Revier.
Tb.-Nr. 560/27.

Gera, den 17. 3. 1927.

Der Personenkraftwagen I S – 3065, Eigentümer Fabrikant **Joseph Hinterhuber**, Hannov.-Münden, Kasseler Straße 20, befuhr am 16. 3. 27, 12.30 Uhr nachm. die Lutherstraße, hier, ohne daß der Führer im Besitze einer Steuerkarte war. Der Führer Martin Müller gibt an, die Steuerkarte sei verlorengegangen.

Günter,
Polizei-Oberwachtmeister.

Sonstige Unregelmäßigkeiten.

1. Bei Unleserlichkeit des Kennzeichens infolge Schmutzes und Staubes ist sofortige Reinigung zu fordern. Im übrigen liegt Übertretung nach § 16 KFV., bei rechtswidriger Absicht dagegen Vergehen nach § 25 KFG. vor.

2. Entspricht die Bereifung nicht den Vorschriften – Abschn. B. II –, so ist eine entsprechende Meldung vorzulegen.

3. Ist die Beleuchtung zu stark oder die Beleuchtung des hinteren Kennzeichens mangelhaft oder wird festgestellt, daß die Beleuchtung für das hintere Kennzeichen getrennt von der der vorderen Lampen ein- oder ausgeschaltet werden kann, so ist in ersteren Fällen Meldung nach Abschn. N. I vorzulegen. Im letzteren Falle ist außerdem Anzeige nach § 16 KFV. zu erstatten.

4. Entsprechend ist bei Verursachung starken Geräusches, bei belästigender Rauchentwicklung, bei beschädigtem Kennzeichen usw. zu verfahren.

IV. Übersicht über Kraftfahrzeugkontrollen.

Art des Fahrzeuges	Papiere	Ausrüstung
I. Krafträder.		
1. Kleinkrafträder:.		
a) Festzugelassene (Absch. L.)	Bescheinigung über Zuteilung des Kennzeichens. Führer unter 16 Jahre Besch. der höh. Verw.-Behörde. Steuerkarte nach O II 1; keine Zulass.-Besch.; kein Führerschein	Hupe, Laterne, elast. Bereifung, Typenschild am Antriebsmotor oder Fahrgestell oder Kurbelgehäuse eingeschlagen; wenn bei Verbr. Mot. Schild, so Mot.-Nr. auch auf Kurbelgehäuse. Kennzeichen für Krafträder siehe D
b) mit Beiwagen usw.	Wie zu a	Wie zu a, wenn Beiwagen auf der linken Seite, eine Laterne an demselben
c) Bei Probefahrt	Bescheinig. über Zuteilung eines Probekennzeichens, Steuerkarte, zu O II 5b	Wie zu a, jedoch Kennz. in grünen Schriftzeichen
2. Kraftzweiräder.		
a) Festzugelassene bis 200 kg betriebsfert. Eigengewicht	Zulassungs-Besch., Führerschein Kl. 1, Steuerkarte nach O II 1	Wie zu 1a; Typenschild am Fahrgest.
b) Desgl. mit Bei- usw. Wagen	Wie zu 2a	Wie zu 2a, wenn Bei- usw. Wagen auf linker Seite des Kraftrades, so Laterne auch am Beiwagen
c) Desgl. über 200 kg	Führerschein Klasse 3a oder 3b, je nach St. St.PS, sonst wie 2a	Wie 2a
d) Desgl. mit Bei- usw. Wagen	Wie 2c	Wie 2b
e) Probefahrt für Krafträd. zu 2a, b, c, d	Wie 2a, b, c, d. Probezulassungsbeschein. Steuerkarte zu O II 3. 5 b	Wie 2a, b, c, d; Probekennzeichen

Art des Fahrzeuges	Papiere	Ausrüstung
3. Kraftdreiräder.		
a) bis 200 kg betriebsf. Eigengewicht	Wie 2a	Wie 2a, jedoch vorderes und hinteres Kennzeichen
b) Desgl. über 200 kg betriebsf. Eigengewicht	Führerschein 3a oder 3b, je nach St.PS	Wie 3a
c) Probefahrt	Wie 3a oder 3 b. Probezulassungsbeschein. Steuerkarte O II 5b	Wie 3a oder b; Probekennzeichen
II. Kraftwagen.		
1. Elektr. betr. Kraftwagen bis 1 St.PS (Milchkarren usw.)	Zulass.-Besch., kein Führerschein, Personen unter 18 Jahren Besch. der höh. Verw.-Beh. Steuerkarte O II 2	Hupe, 2 Laternen vorne, elast. Bereifung, hinteres Kennzeichen beleuchtet, Kennzeichen in den Ausmaßen für Krafträder, Typenschild am Fahrgestell
2. Desgl. Probefahrten	Probezulass.-Besch. Steuerkarte O II 5a, sonst wie vor	Probekennzeichen, sonst wie vor
3. Kraftwagen bis 2,5 t betriebsf. Eigengewicht	Zulass.-Besch. Führerschein 3a oder 3b, je nachdem, ob ob bis oder über 8 St.PS, Steuerkarte O II 2	Hupe, 2 Laternen vorne, Typenschild am Fahrgest., vorderes und hinteres Kennzeichen, letzteres beleuchtet
4. Desgl. bei Probefahrten	Probezulass.-Besch., Steuerkarte O II 5a, wie vor	Wie vor, jedoch Probekennzeichen
5. Kraftwagen über 2,5 t betriebsf. Eigengewicht	Zulass.-Besch., Führerschein Kl. 2, Steuerkarte O II 3	Wie II, 3 bei Vollgummibereif. diese einschl. Stahlband mind. 5 cm stark. Dreiachsige Fahrzeuge üb. 9 t Luftreifen
6. Desgl. Probefahrt	Probezulass.-Besch., Steuerkarte zu O II 5a	Wie vor; Probekennzeichen

Art des Fahrzeuges	Papiere	Ausrüstung
III. Besondere Kraftfahrzeuge.		
1. Zur Abstempelung der Polizeibeh. vorzuführende Kraftfahrzeuge aller Art	Zulass.-Besch. fehlt, dafür schriftl. Auff. der Pol.-Beh. zur Vorführung des Fahrzeuges (C II 1), Führerschein 1, 2, 3a oder 3b (s. F), Steuerkarte fehlt noch, da Zulass. erst mit Abn. beendet	Ausrüstung für die Fahrz.-Art, Kennzeichen nicht angebracht oder wenn angebracht, nicht abgestempelt
2. Probefahrt mit Fahrzeugen aller Art durch den amtl. Sachverständigen	An Stelle der Probezulass.-Besch. d. Sachverst.-Ausweis, Führersch. nach Fahrz.-Art, keine Steuerkarte	Probekennz. des amtlichen Sachverständigen
3. Schul- u. Prüfungsfahrten durch Fahrschüler	Zulass.-Besch. Fahrlehrerschein u. Führersch. des Fahrlehrers, Steuerkarte (s. F IId)	Je nach Fahrzeugart
4. Lastkraftwagen mit Ges.-Gew. über 3,5 t	Zulass.-Besch. od. Probezulass.-Besch., Führerschein d. Kl. 2 oder 3a oder 3b, je nach d. betriebsfert. Eigengew., Steuerkarte O II 3 bzw. O II 5a	Wie II Ziff. 3; Spiegel an linker Seite des Führersitzes gegebenenfalls Probekennzeichen (s. B II 9)
5. Zugmasch. ohne Güterladeraum mit betriebsf. Eigengewicht bis 3,5 t u. bis 15 Std.-Kilom. Höchstgeschwindigkeit	Zulass.-Besch., kein Führerschein, aber wenn Führer unter 18 Jahren, besond. Erlaubnis der höheren Verwaltungs-Behörde, Steuerkarte O II 4	Hupe, Laterne, Typenschild, kein Kennz., Laterne an der Rückseite kein Spiegel (s. B II 10, D VIII 4)
6. Desgl. bis 2,5 t und bis 8 km	Wie vor	Keine Hupe, keine elast. Bereifung; wie vor

Art des Fahrzeuges	Papiere	Ausrüstung
7. Für Zugmasch. ohne Güterladeraum, die nicht unter III 5 u. 6 fallen, für die aber die Bestimmungen d. KFG. u. d. KFV. (s. Abschn. II 5) gelten, unterliegen den Vorschriften für Lastkraftfahrzeuge	—	—
8. Geschleppte Fahrz. (s. Abschn. K I)	—	Begleiter zur Bedienung der Lenkvorr. u. Bremse, Schlußlicht
	IV. Anhänger (Abschnitt K).	
1. Ein vorschriftsmäßiger Anhänger	—	Hinteres Kennz. entweder an beiden Seiten des Kraftfahrzeuges, dann Schlußlicht od. an Rücks. d. Anhängers
2. Mehrere vorschriftsmäß. oder ein unvorschr. Anhänger oder eine Anh.-Achse	Pol.-Erlaubnis zum Mitführen. Wenn keine elast. Bereifung, Eintragung üb. Geschw. und Verk.-Bereich in die Zulass.-Besch.	Wie vor
	V. Ausländische Fahrzeuge.	
1. Fahrzeug, aus Vertragsstaaten	Internationaler Fahrausweis	Kennz. des Landes (Heimat) Nat. Abzeichen (s. Abschn. C u. D)
2. Fahrzeug ohne internat. Fahrausweis	Besch. der Heimatsbehörde über Verkehrssicherheit d. Fahrz. u. Zeugnis an Stelle d. Führerscheins, beide mit Anerkennungsvermerk einer deutschen Behörde (Konsul), Steuerkarte eines Steuer- oder Zollamtes oder dafür Bescheinigung über Zuteilung des Kennzeichens	Nur Kennz. des deutsch. Grenzzollamtes (Abschn. C und J)

Q. Strafvorschriften.

Die Strafvorschriften finden sich in den §§ 21 bis 25 des Gesetzes über den Verkehr mit Kraftfahrzeugen vom 3. 5. 09, in der Fassung vom 21. 7. 23 und im § 44 der Verordnung vom 5. 12. 25.

I. Vergehen.

a) **§ 22 KFG.**

Der Führer eines Kraftfahrzeuges, der nach einem Unfalle es unternimmt, sich der Feststellung des Fahrzeuges und seiner Person durch die Flucht zu entziehen, wird mit Geldstrafe bis zu 10 000 RM. oder mit Gefängnis bis zu 2 Monaten bestraft. Er bleibt jedoch straflos, wenn er spätestens am nächstfolgenden Tage nach dem Unfall Anzeige bei einer inländischen Polizeibehörde erstattet und die Feststellung des Fahrzeuges und seiner Person bewirkt.

Verläßt der Führer des Kraftfahrzeuges eine bei dem Unfalle verletzte Person vorsätzlich in hilfloser Lage, so wird er mit Gefängnis bis zu 6 Monaten bestraft. Sind mildernde Umstände vorhanden, so kann auf Geldstrafe bis zu 10 000 RM. erkannt werden.

Unter Führer ist jede Person zu verstehen, die ein Kraftfahrzeug auf öffentlichen Wegen führt. Gleichgültig ist, ob sie im Besitze eines Führerscheines ist oder nicht. Hat sie die Führung des Fahrzeuges übernommen, ohne im Besitz eines Führerscheines zu sein, so liegt Idealkonkurrenz mit § 24 KFG. vor.

Ein Unfall kann an Personen, in oder außerhalb des Fahrzeuges, an Tieren oder Sachen verursacht werden.

Unternehmen ist die Vorbereitung zur Flucht durch Instandsetzung des Fahrzeuges oder das beginnende Wegfahren. Gleichgültig ist hierbei, ob der Unfall vorsätzlich oder fahrlässig verursacht wurde.

Straffälligkeit tritt ein, wenn beide, das Fahrzeug und der Führer, oder nur eines von beiden der Feststellung entzogen wird.

Das ObLG. führt in einer Entscheidung aus, daß der Kraftfahrzeugführer nach einem Unfalle solange zu warten hat, bis der Verletzte (auch an Sachen) oder ein anderer, wenn auch nur mittelbar Beteiligter, die Feststellungen gemacht hat oder er sich überzeugt hat, daß seine Feststellung, weder vom Verletzten, noch von einer anderen Person gewünscht wird.

Verlassen in hilfloser Lage liegt vor, wenn der Verletzte sich mit eigener Kraft nicht selbst helfen kann und der Führer in Erkenntnis dieses Zustandes sich entfernt. Ohne Bedeutung ist hierbei, ob sich im Bereiche des Verletzten andere Personen befinden, die Hilfe bringen könnten (OLG. Düsseldorf vom 4. 4. 25 S. 112/25 und KG. vom 7. 11. 24, 1 S. 987/24).

b) § 23 KFG.

Mit Geldstrafe bis zu 10 000 RM. oder mit Gefängnis bis zu 2 Monaten wird bestraft, wer auf öffentlichen Wegen oder Plätzen ein Kraftfahrzeug führt, das nicht von der zuständigen Behörde zum Verkehr zugelassen ist.

Die gleiche Strafe trifft den Halter eines nicht zum Verkehr zugelassenen Kraftfahrzeuges, wenn er vorsätzlich oder fahrlässig dessen Gebrauch auf öffentlichen Wegen oder Plätzen gestattet.

Unter Zulassung ist die Erlaubnis der zuständigen Behörde zum Verkehr auf öffentlichen Wegen in bezug auf die Verkehrs- und Betriebssicherheit zu verstehen.

Ob der Besitzer des Fahrzeuges noch auf der Zulassungsbescheinigung vermerkt ist, berührt den Tatbestand des § 23 nicht. Ist ein Eigentumswechsel vorgenommen worden und ist die erneute Zulassung nicht beantragt (Abschnitt C II Ziff. 2), so liegt eine Übertretung nach § 21 des Gesetzes vor (ObLG. vom 20. 2. 25, Rev. Reg. I 12/25).

Der § 23 kommt für Kleinkrafträder nicht in Frage.

c) § 24 KFG.

Mit Geldstrafe bis zu 10 000 RM. oder mit Gefängnis bis zu 2 Monaten wird bestraft:

1. Wer ein Kraftfahrzeug führt, ohne einen Führerschein zu besitzen;
2. wer ein Kraftfahrzeug führt, obwohl ihm die Fahrerlaubnis entzogen ist;
3. wer nicht seinen Führerschein der Behörde, die ihm die Fahrerlaubnis entzogen hat, auf ihr Verlangen abliefert.

Die gleiche Strafe trifft den Halter des Kraftfahrzeuges, wenn er vorsätzlich oder fahrlässig eine Person zur Führung des Fahrzeuges bestellt oder ermächtigt, die sich nicht durch einen Führerschein ausweisen kann oder der die Fahrerlaubnis entzogen ist.

Die Fahrt zur Ablegung der Prüfung ohne Führerschein fällt darunter (OLG. Stuttgart vom 25. 7. 25, Rev. Reg. 137/25).

Wer glaubhaft nachweist, daß er einen Führerschein besitzt, aber nicht bei sich führt, verstößt nicht nach § 24 KFG., sondern nach § 15 KFV. in Verbindung mit § 21 KFG.

Unter § 24 fällt das Fahren eines Fahrzeuges, zu dem der Führer den notwendigen Führerschein (Klasse) nicht hat.

d) § 25 KFG.

Wer in rechtswidriger Absicht

1. ein Kraftfahrzeug, für welches von der Polizeibehörde ein Kennzeichen nicht ausgegeben oder zugelassen worden ist, mit einem Zeichen versieht, welches geeignet ist, den Anschein der polizeilich angeordneten oder zugelassenen Kennzeichnung hervorzurufen;
2. ein Kraftfahrzeug mit einer anderen als der polizeilich für das Fahrzeug ausgegebenen oder zugelassenen Kennzeichnung versieht;
3. das an einem Kraftfahrzeug gemäß polizeilicher Anordnung angebrachte Kennzeichen verändert, beseitigt, verdeckt oder sonst in seiner Erkennbarkeit beeinträchtigt,

wird, sofern nicht nach den Vorschriften des Strafgesetzbuchs eine höhere Strafe verwirkt ist, mit Geldstrafe bis zu 10 000 RM. oder mit Gefängnis bis zu 3 Monaten bestraft.

Die gleiche Strafe trifft Personen, welche auf öffentlichen Wegen oder Plätzen von einem Kraftfahrzeuge Gebrauch machen, von dem sie wissen, daß die Kennzeichnung in der in Abs. 1 unter Nr. 1 bis 3 bezeichneten Art gefälscht, verfälscht oder unterdrückt worden ist.

Unter Kennzeichen sind alle behördlichen Kennzeichen zu verstehen, also auch Probefahrtkennzeichen, Nationalitätsabzeichen und die Kennzeichen der Grenzzollämter für Kraftfahrzeuge aus Staaten, die dem internationalen Abkommen nicht beigetreten sind.

Bei Verfälschungen von ordnungsmäßigen Kennzeichen kommt Bestrafung wegen Urkundenfälschung in Frage.

II. Übertretungen.

§ 21 KFG.

Wer den zur Erhaltung der Ordnung und Sicherheit auf den öffentlichen Wegen oder Plätzen erlassenen polizeilichen Anordnungen über den Verkehr mit Kraftfahrzeugen zuwiderhandelt, wird mit Geldstrafe bis zu 150 RM. oder mit Haft bestraft.

Polizeiliche Anordnungen dieser Art sind:

a) die Verordnung über Kraftfahrzeugverkehr vom 5. 12. 25, mit der Ergänzungsverordnung vom 28. 7. 26, nebst Anlagen;

b) Polizeiverordnungen zur Regelung des Kraftfahrzeugverkehrs.

In der Anzeige ist die verletzte Bestimmung der KFV. bzw. einer Polizeiverordnung und der § 21 KFG. anzuziehen, z. B. Übertretung nach § 15 KFV. vom 5. 12. 25 in Verbindung mit § 21 KFG. vom 3. 5. 09 i. F. vom 21. 7. 23.

III. Anzeigenmuster.

Polizei-Verwaltung. Bonn, den 28. 3. 1927.
3. Polizei-Revier.
Tb.-Nr. 1507/27.

Übertretung
nach § 18 Abs. 3 KFV.
vom 5. 12. 25 in Verbindung mit § 21 des KFG.
vom 3. 5. 09, i. F. vom
21. 7. 23.

Beschuldigter:
Hans, Otto Müller, geb.
7. 4. 92 zu Mainz, Kraft-

fahrzeugführer, wohnhaft Frankfurt a. M., Westendstraße 30 II.

Am 27. 3. 1927, 3.30 Uhr nachm., befuhr der Beschuldigte mit dem Personenkraftwagen

I T — 1792

die Koblenzer Straße in Richtung Koblenz mit einer Stundengeschwindigkeit von 45 km. Das Fahrzeug durchfuhr die festgelegte Stoppstrecke von 220 m in 16 Sekunden. Das Stoppergebnis wurde durch zwei auf ihre Richtigkeit geprüfte Stoppuhren erzielt.

Errechnung:

$$\frac{200 \times 3600}{16} = 45 \text{ km}$$

Die Richtigkeit des Stoppergebnisses wird durch Polizeiwachtmeister Opelt und den Unterzeichneten bezeugt.

Müller hat keine Kenntnis von dieser Anzeige.

Toben,
Polizei-Oberwachtmeister,
Sophienstr. 20 II.

An
die Polizei-Verwaltung
Bonn.

Polizei-Verwaltung.
2. Polizei-Revier.
Tb.-Nr. 161/27.

Jena, den 14. 1. 1927.

Vergehen
nach § 24 KFG. vom 3. 5. 09 i. F. vom 21. 7. 23 und Übertretung nach § 15 KFV. vom 5. 12. 25 in Verbindung mit § 21 obigen Gesetzes.

Beschuldigter:
Michael, Xaver Obermeier, geb. 6. 6. 92 zu Gera, kaufm. Angestellter, wohnhaft Ziegenhain, Haus Nr. 14.

Der Beschuldigte befuhr am 13. 1. 1927, 10.30 vorm. mit dem Kraftrad
Th — 2626
die Erfurter Straße in Richtung Weimar, ohne im Besitze eines Führerscheins der Klasse 1 zu sein.

Obermeier gab an, daß er in Unwissenheit über die gesetzlichen Bestimmungen gehandelt habe, um so mehr, da ihm der Besitzer des Kraftrades, der Kraftfahrzeughändler Müller, hier, Neugasse 16II wohnhaft, das Rad ohne weiteres überließ.

Das Kraftrad wurde, um die Fortsetzung der strafbaren Handlung zu verhindern, polizeilich sichergestellt. Müller wurde von dem Verbleib seines Rades benachrichtigt und holte es am 14. 1. 27, 8.45 vorm. gegen anliegende Empfangsbescheinigung ab.

Gegen Müller wird besondere Anzeige nach § 24 Abs. 2 KFG. vorgelegt.

Beide haben Kenntnis von den Anzeigen.

Töpfer I,
Polizei-Oberwachtmeister,
Am Grieß 20 wohnhaft.

An
die Polizei-Verwaltung
Jena.

R. Hinweise auf Feststellungen bei Unglücksfällen.

I. Grundsätzlich ist bei Unglücksfällen den zu Schaden gekommenen Personen sofort Hilfe zu gewähren (Wegbringung von der Straße, Verbinden, Bewußtlosenbehandlung, Benachrichtigung eines Arztes).

Weiter ist für den Transport und Unterbringung im nächsten Krankenhause Sorge zu tragen. Zweckmäßig wird das Krankenhaus fernmündlich vor der Einlieferung benachrichtigt, damit für die Aufnahme Vorsorge getroffen werden kann.

II. Ergründung der Veranlassung zu dem Unfall bzw. Klärung der Schuldfrage. Man unterscheidet:

1. den Unfall — besser Unglücksfall —, der einem Kraftfahrzeug ohne Zutun oder Verschulden anderer Wegebenutzer und Fußgänger zugestoßen ist (Kraftfahrzeugbrand, Überschlagen, Abstürzen, Anfahren usw.);
2. den Unfall, den ein Kraftfahrzeug infolge unvorschriftsmäßigen Verhaltens anderer Wegebenutzer oder sonstiger Personen getroffen hat;
3. den sogenannten verbrecherischen Unfall (Anschlag);
4. den Unfall, den ein Kraftfahrzeug an Personen oder Sachen verursacht hat.

Zu II, 1 ist Bericht über den tatsächlichen oder auf Grund der gepflogenen Untersuchung als wahrscheinlich anzunehmenden Anlaß einzureichen. Wenn auch eine strafbare Handlung allem Anscheine nach nicht vorliegt, sind die Feststellungen für die Behörde von großem Werte, denn sie können Hinweise auf Fehler im Straßenbau, auf notwendige Sicherungsmaßnahmen (Warnungstafeln usw.) bringen. Skizzenanfertigung ist zweckmäßig.

In den übrigen Fällen bedarf es der folgenden Feststellungen:

1. Genaue Beschreibung der Unfallstelle, Lage der

Straße von . . . . nach . . . ., zwischen Kilometer z. B. 29,1 und 29,2 bei Ortschaften: Straßenbezeichnung und Hausnummer, sonst Art der Straße: Landstraße, Verbindungs-, Feld-, Sommer-, Seitenweg, Umgehungsstraße, Einbahnstraße, Ausfahrt, Kreuzung, Einmündung.

2. Beschaffenheit des Weges an der Unfallstelle:
Übersichtlichkeit: gerader oder Kurvenverlauf,
hoch- oder tiefliegend,
Ränder mit Bäumen oder Gebüsch bewachsen.
Straßenführung: fallend, steigend oder eben;
Breite der Straße, Verengungen, Baufluchtlinie;
Zustand der Straßenoberfläche: Groß- oder Kleinpflaster, Asphalt, Bituminbelag, unbefestigter Weg (Feld- oder Sommerweg), Schlaglöcher, vereist, beschneit, naß, glitschig, trocken, staubig.

3. Feststellung des Vorfalles selbst. Grundsätzlich hat sich der Beamte hierbei von jeder Einstellung für oder gegen eine Partei freizuhalten.
a) Welcher Art war der Unfall (Zusammenstoß, Überfahren, Schleudern, Scheuen von Tieren)?
b) Welcher Anlaß lag zugrunde?
Befahren der falschen Straßenseite;
Falsches Einbiegen, Überholen, Ausweichen;
Verbotenes Aufstellen von Fahrzeugen;
Vorschriftswidrige Beleuchtung oder Fehlen der Beleuchtung;

Unsachgemäße Beladung, Unterlassen von Warnungszeichen;
Befahren verbotener Wege;
Übermäßige Geschwindigkeit;
Zustand des Führers bzw. der Fahrgäste (Betrunkenheit, Müdigkeit);
Angaben über die zurückgelegte Fahrstrecke und den Aufenthalt in Lokalen sind gegebenenfalls sehr wichtig!

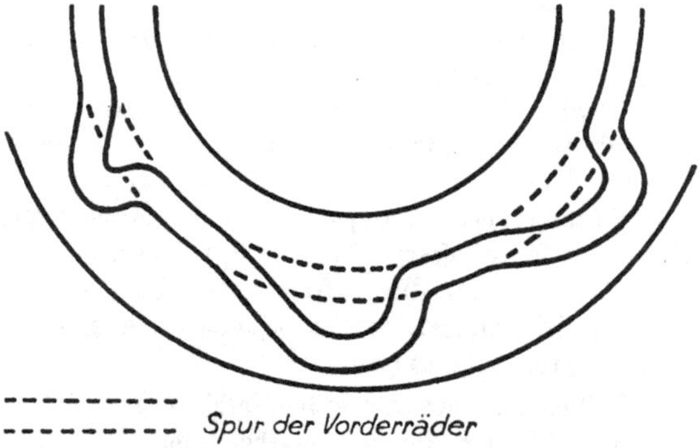

Abb. 77.

4. Verursachter Schaden.
5. Belastung des Fahrzeuges (Vergleich mit der Zulassungsbescheinigung).
6. Breite des Fahrzeuges (bei Zusammenstoß oder Anfahren von Bedeutung) Messung des Abstandes der äußeren Ränder der vorderen und hinteren Kotflügel oder beim Fehlen solcher, von Radkapsel zu Radkapsel.

7. Spurensicherung. Entweder Festlegung in Skizze nach genauen Maßen oder gegebenenfalls Lichtbild. Man unterscheidet die Schleuderspur (Abb. 77), die Fahr- und die Bremsspur (Abb. 78).

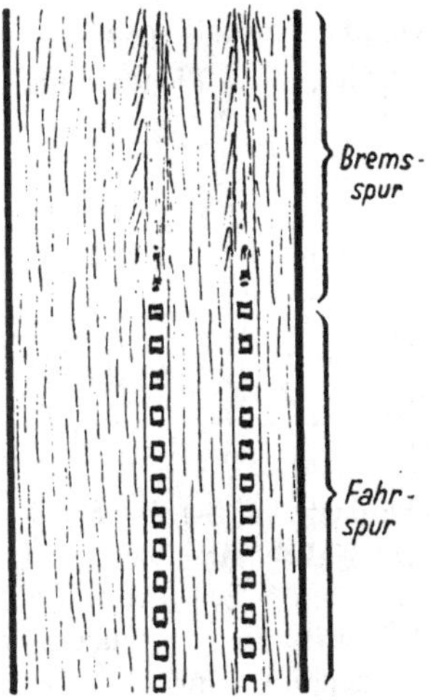

Abb. 78.

Die Bremsspur gibt einen Anhalt, ob überhaupt gebremst wurde. Die Länge derselben läßt auf die Geschwindigkeit des Fahrzeuges schließen. Der Bremsweg wird um so länger sein, je größer die Geschwindigkeit, je schwerer die Beladung und je glatter die Straßenoberfläche ist. Bei plötzlichem Anziehen der Bremse (schon bei mittlerer Geschwindigkeit) schleifen die Räder und es entsteht dadurch an Stelle des bisherigen Abdrucks der Gummiriffelung eine Schleiflinie. Messung vom Beginn der Schleiflinie bis zum Halten (Unfallstelle)!

Ungefähre Bremslängen:

bei	10—15	Std./km	1	Wagenlänge	=	zirka	4 m
„	20	„	2	„	=	„	8 m
„	30	„	3	„	=	„	12 m
„	40	„	6	„	=	„	24 m
„	50	„	9	„	=	„	36 m
„	60	„	12	„	=	„	48 m
„	70	„	17	„	=	„	70 m
„	80	„	22	„	=	„	88 m
„	90	„	27	„	=	„	110 m
„	100	„	35	„	=	„	140 m

8. Bei Anschlägen auf Kraftfahrzeuge mittels quer über den Fahrdamm gespannter Drähte oder Seile oder durch Legen von Hindernissen auf den Fahrdamm, ist es besonders wichtig, die benutzten Gegenstände sicherzustellen und sie wegen etwaiger Fingerabdrücke entsprechend vorsichtig zu behandeln.

9. Personalienfeststellung der Beteiligten und Zeugen.

10. Nachprüfung der Papiere.

11. Nach der Feststellung sofort wieder für die Freimachung der Straße Sorge tragen. Ist die Räumung nicht sogleich möglich, so bei Dunkel-

heit und Nebel entsprechende Beleuchtung der Unfallstelle.

12. Anfertigung einer genauen Skizze der Unfallstelle (Abb. 79).

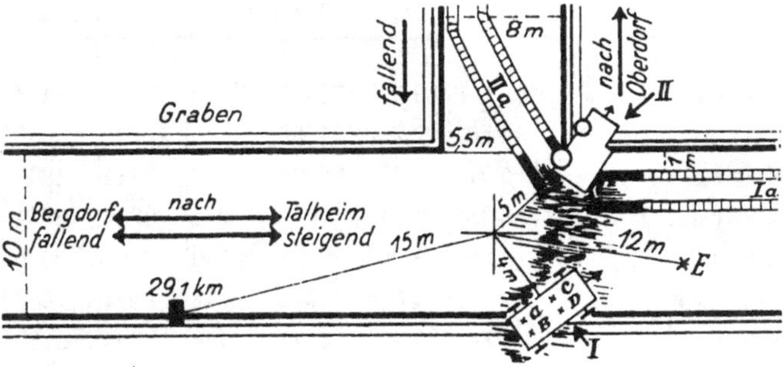

I = Wagen von Fahrbahn Ia
II = Wagen von Fahrbahn IIa
E = Führer von II
A, B, C, D unter I liegend
\+ = Straßenmittenschnittpunkt

Abb. 79.

S. Übersicht über den Kraftfahrzeugbestand.

I. Deutschland (ohne Saargebiet).

	Krafträder	Personenkraftwagen	Lastkraftwagen	Gesamtzahl	Auf 10000 Einwohner Kraftfahrz.
1914	22 557	60 876	9 639	93 072	14
1922	38 048	82 697	43 711	164 456	27
1923	59 389	100 340	51 736	211 465	35

Länder:	Großkrafträder			Personenkraftwagen		
	1924	1925	1926	1924	1925	1926
Preußen	53 636	89 557	128368	84 454	106971	123414
Bayern	14 532	22 222	31450	12 165	16639	20658
Sachsen	9 915	16 395	26320	13 032	17714	21905
Württemberg . . .	3 937	6 543	10310	4 371	6910	8884
Baden	4 067	6 966	10458	4 330	6701	8025
Thüringen	2 696	4 572	7053	2 678	3871	4889
Hessen	1 853	3 339	4846	2 190	3122	3887
Hamburg	2 385	3 167	4368	3 691	4860	5681
Meckl.-Schwerin . .	712	1 586	2704	1 163	1674	1847
Oldenburg	1 215	2 014	3100	775	1166	1408
Braunschweig . . .	913	1 529	2346	955	1463	1798
Anhalt	646	1 216	1599	594	963	949
Bremen	594	865	1218	964	1371	1618
Lippe	339	591	906	245	411	447
Lübeck	229	345	468	226	359	456
Meckl.-Strelitz . . .	149	316	456	202	266	332
Waldeck	64	128	191	80	122	166
Schaumb.-Lippe . .	83	157	226	64	82	98
Deutsches Reich . .	97 965	161508	236387	132179	174665	206456

Lastkraftwagen			Auf 1 Kraftfahrzeug insgesamt entfallen im Jahre		Bestand an Kraftfahrzeugen am	Bemerkungen
			1925	1926		
1924	1925	1926	.... Einwohner		1. VII. 26	
37 437	50 062	53 771	151	122	305 493	Kleinkrafträder sind noch nicht enthalten.
7 056	8 627	9 994	154	118	62 102	
5 653	7 291	8 909	118	86	57 134	
2 531	3 595	4 688	149	106	23 882	
2 191	3 103	3 597	136	103	22 080	
1 047	1 333	1 630	163	116	13 572	
1 144	1 578	1 801	167	125	10 534	
1 925	2 527	3 022	106	87	13 071	
286	353	347	188	128	4 898	
153	219	321	160	113	4 829	
372	524	621	138	101	4 765	
185	278	270	141	121	2 818	
401	531	648	116	95	3 484	
55	68	70	151	112	1 423	
99	154	187	147	114	1 111	
36	39	43	178	132	831	
33	52	58	186	130	415	
25	29	47	177	132	371	
60 629	80 363	90 019	147	115	532 873	

Preußische Landesteile:	Großkrafträder		
	1924	1925	1926
Ostpreußen	941	1 843	3 282
Berlin	6 327	9 068	13 480
Brandenburg	3 971	7 486	12 424
Pommern	1 944	3 172	4 801
Posen-Westpreußen . . .	297	511	958
Niederschlesien	3 823	6 448	10 185
Oberschlesien	866	1 038	1 539
Sachsen	5 151	9 080	14 819
Schleswig-Holstein	2 044	3 768	6 541
Hannover	5 805	11 557	15 948
Westfalen	5 754	10 239	13 242
Hessen-Nassau	4 390	6 675	8 885
Rheinland	12 239	18 532	22 020
Hohenzollern	84	140	244

Personenkraftwagen			Lastkraftwagen			Auf 1 Kraftfahrzeug insges. entfallen im Jahre	
						1925	1926
1924	1925	1926	1924	1925	1926	.... Einwohner	
2 854	3 946	4 575	1 103	1 218	1 303	316	237
19 361	18 878	23 728	4 271	7 684	9 079	109	86
3 597	5 292	6 752	1 154	1 661	2 225	173	116
2 716	3 804	4 878	844	1 023	1 183	225	163
494	644	781	100	111	134	244	169
5 493	7 005	8 166	1 801	2 124	2 442	197	145
1 444	1 668	1 860	575	609	597	403	339
5 645	8 529	10 286	2 387	3 161	3 489	147	112
3 110	4 020	5 093	1 169	1 327	1 845	162	108
4 735	8 121	9 662	1 489	2 404	2 644	142	110
8 445	12 143	10 579	5 509	8 055	6 200	156	159
7 160	7 227	8 167	3 134	3 783	3 806	133	113
19 309	25 565	28 736	13 853	16 863	18 767	117	103
91	129	151	48	39	57	228	105

II. Außerdeutsche Staaten:

Staat	1925		1926	
	Personen- und Lastkraftwagen in 1000 Stück	Auf 1 Wagen entfallen ……… Einwohner	Personen- und Lastkraftwagen in 1000 Stück	Auf 1 Wagen entfallen ……… Einwohner
Vereinigte Staaten von Amerika . . .	17741	6	19954	6
Großbritannien . . .	778	60	903	49
Frankreich	574	71	735	54
Canada	636	14	720	12
Deutschland (ohne Saargebiet) . . .	**255**	**245**	**296**	**211**
Australien	205	27	291	20
Argentinien	120	75	178	54
Italien	90	450	115	346
Neuseeland	60	18	96	13
Belgien	65	121	93	82
Schweden	64	95	82	74
Spanien	70	314	76	286
Brit.-Südafrika (Union)	52	181	69	105
Britisch-Indien . . .	64	4950	69	4625
Dänemark	47	71	67	51
Brasilien	42	734	64	481
Niederlande	34	208	56	121
Mexiko	35	397	38	375
Niederländisch-Indien	36	1366	38	1302
Schweiz	30	130	38	102
Kuba	32	98	38	89
Japan	22	2645	33	1789
Irischer Freistaat . .	26	124	32	99
Sonstige Länder . .	330	—	457	—
Insgesamt	21408	84	24538	75

Diese Angaben zu S sind den Veröffentlichungen des Stat. Reichsamtes und dem „Auto-Markt" Pößneck entnommen.

Gedruckt bei A. W. Hayn's Erben, Potsdam.

FSC
www.fsc.org
MIX
Papier | Fördert gute Waldnutzung
FSC® C083411

Kolibri 360 GmbH
Ferdinand-Jühlke-Straße 7
99095 Erfurt, Deutschland
produktsicherheit@kolibri360.de